RICHARDSON

Ultimate
Killer
Su Doku

200 Puzzles
Book 1

Published by Richardson Publishing Group Limited
www.richardsonpublishinggroup.com

10 9 8 7 6 5 4 3 2 1

© Richardson Publishing Group Ltd 2020

All puzzles supplied by Clarity Media

Cover design by Junior London

ISBN 978-1-913602-04-8

Printed and bound by CPI Group (UK) Ltd, Croydon CR0 4YY

The contents of this publication are believed correct at the time of printing. Nevertheless the publisher can accept no responsibility for errors or omissions, changes in the detail given or for any expense or loss thereby caused.

A catalogue record for this book is available from the British Library.

If you would like to comment on any aspect of this book, please contact us at:

E-mail: puzzles@richardsonpublishinggroup.com

Follow us on Twitter @puzzlesandgames
instagram.com/richardsonpuzzlesandgames
facebook.com/richardsonpuzzlesandgames

MIX
Paper from
responsible sources
FSC® C020471

Contents

No. 1 Ultimate Killer Su Doku

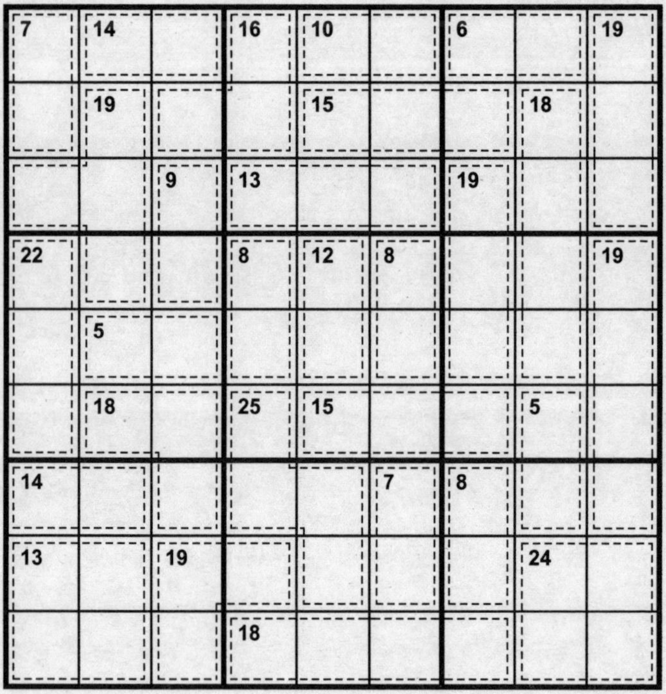

23				17			22	
12	15			12				
	5	8	15	15		14		
					14	7	16	
27								13
14			9		24			
19		9	5		18		6	10
			22			11		
12							11	

No. 3 Ultimate Killer Su Doku

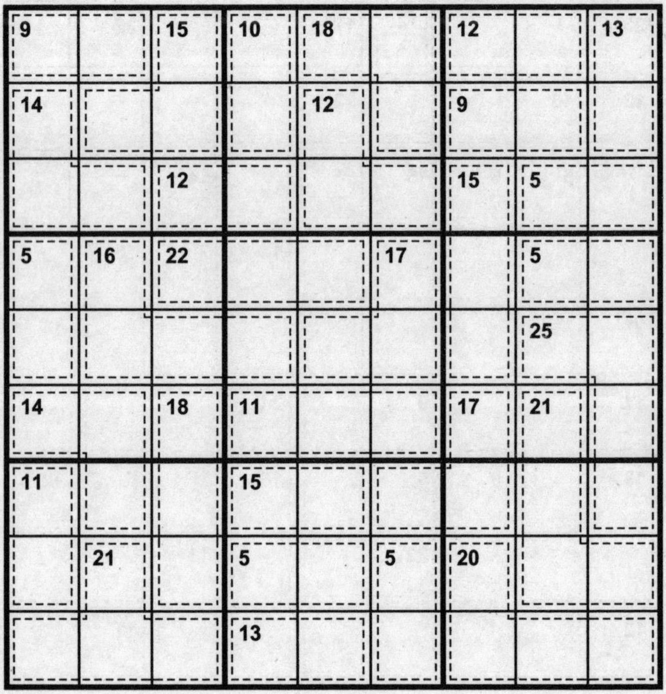

Ultimate Killer Su Doku *No. 4*

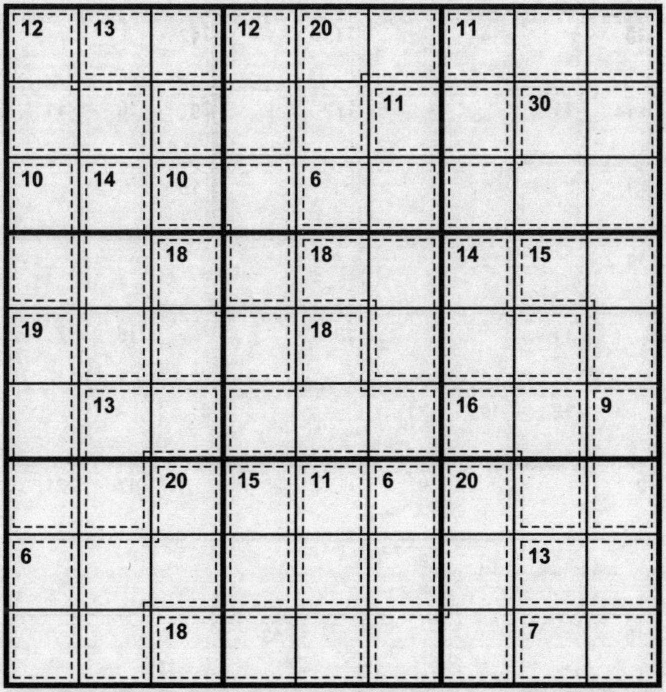

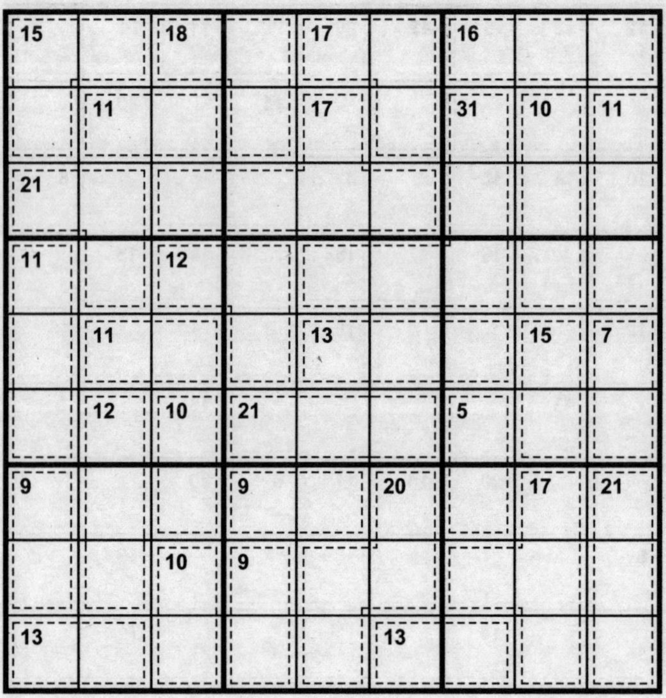
15
18
17
16
11
17
31
10
11
21
11
12
11
13
15
7
12
10
21
5
9
9
20
17
21
10
9
13
13

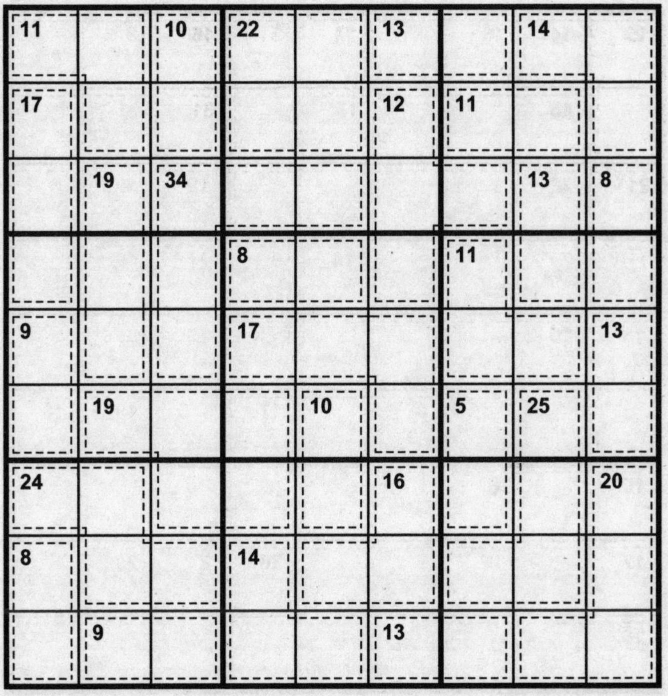
11
10
22
13
14
17
12
11
19
34
13
8
8
11
9
17
13
19
10
5
25
24
16
20
8
14
9
13

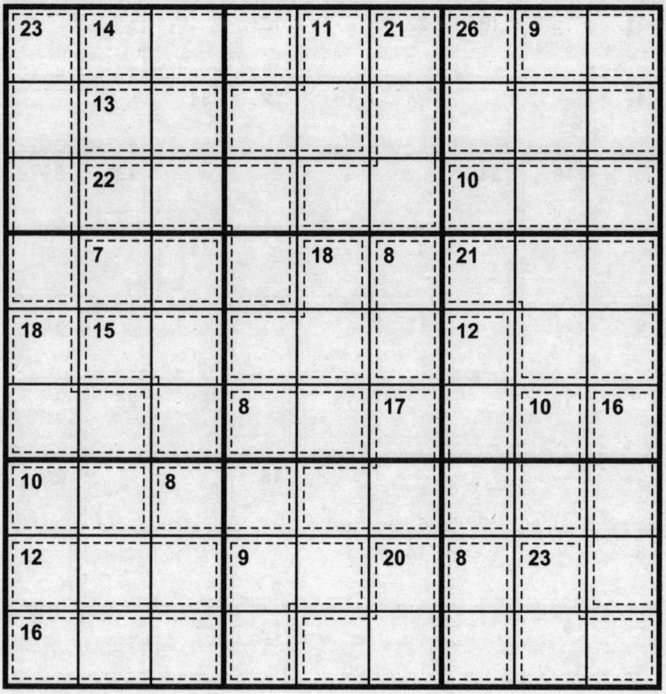
23 14 11 21 26 9
13
22 10
7 18 8 21
18 15 12
8 17 10 16
10 8
12 9 20 8 23
16

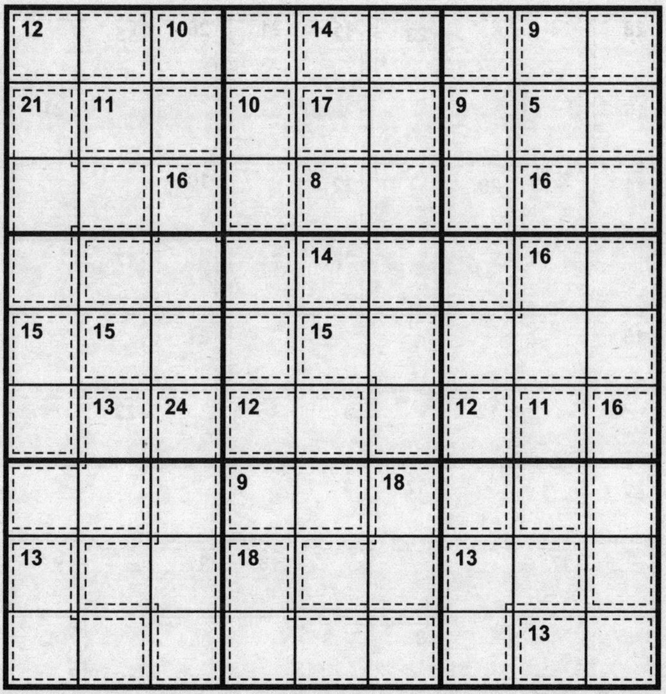
12 10 14 9
21 11 10 17 9 5
16 8 16
14 16
15 15 15
13 24 12 12 11 16
9 18
13 18 13
13

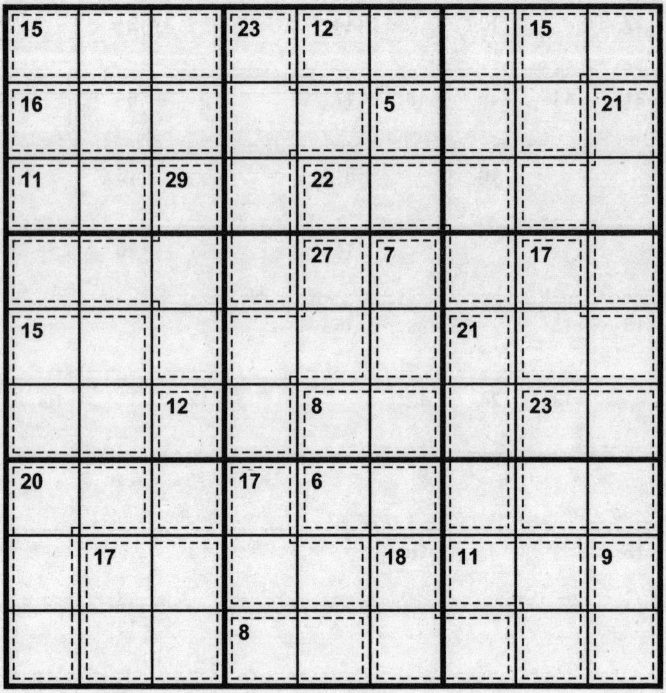
15 23 12 15
16 5 21
11 29 22
27 7 17
15 21
12 8 23
20 17 6
17 18 11 9
8

Ultimate Killer Su Doku *No. 10*

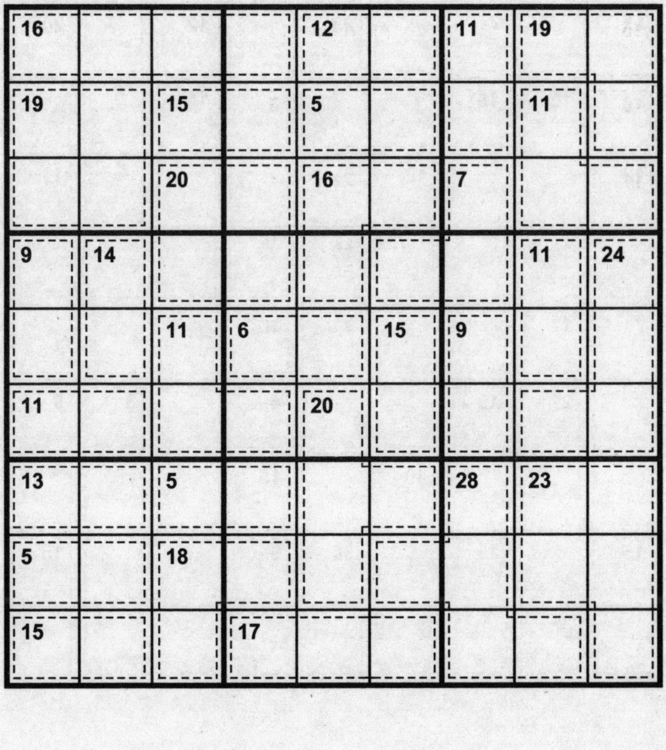

No. 11

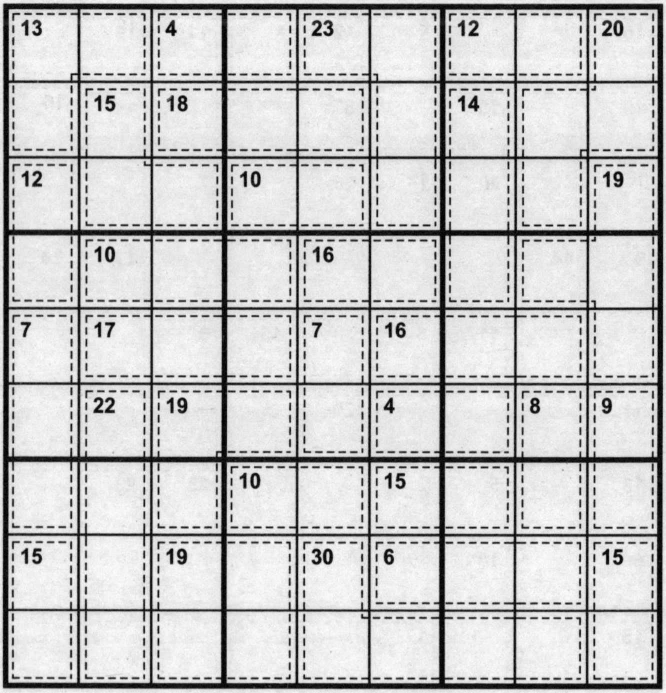
13 4 23 12 20
15 18 14
12 10 19
10 16
7 17 7 16
22 19 4 8 9
10 15
15 19 30 6 15

Ultimate Killer Su Doku *No. 12*

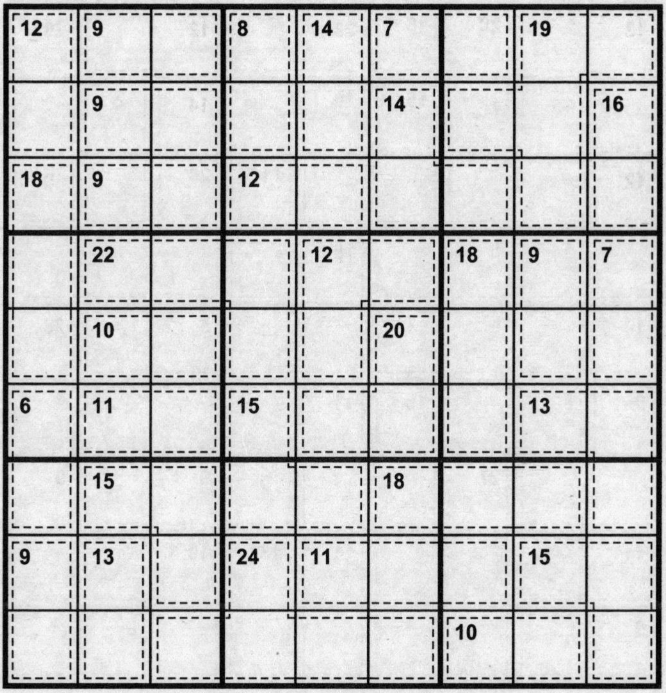

No. 13 Ultimate Killer Su Doku

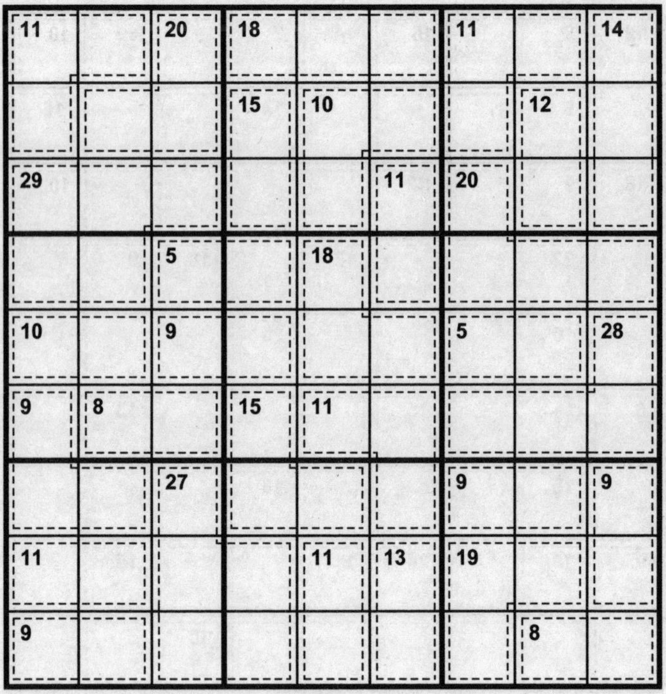

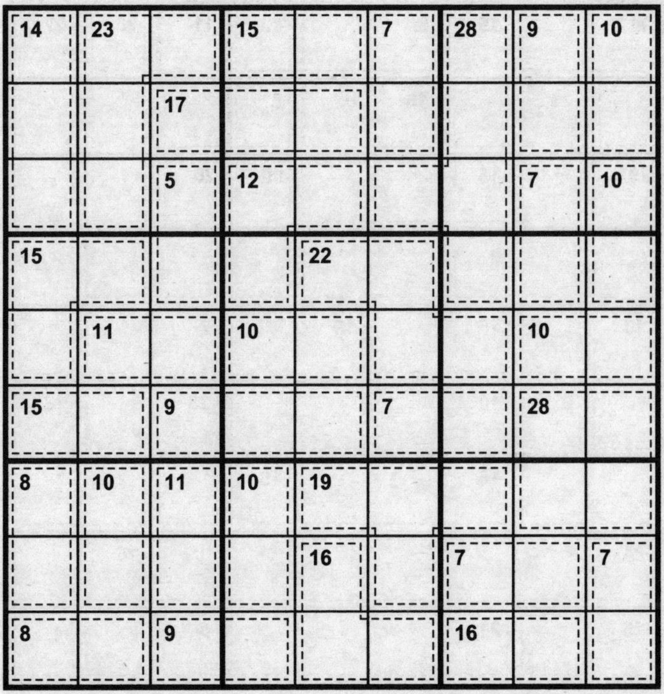
14
23
15
7
28
9
10
17
5
12
7
10
15
22
11
10
10
15
9
7
28
8
10
11
10
19
16
7
7
8
9
16

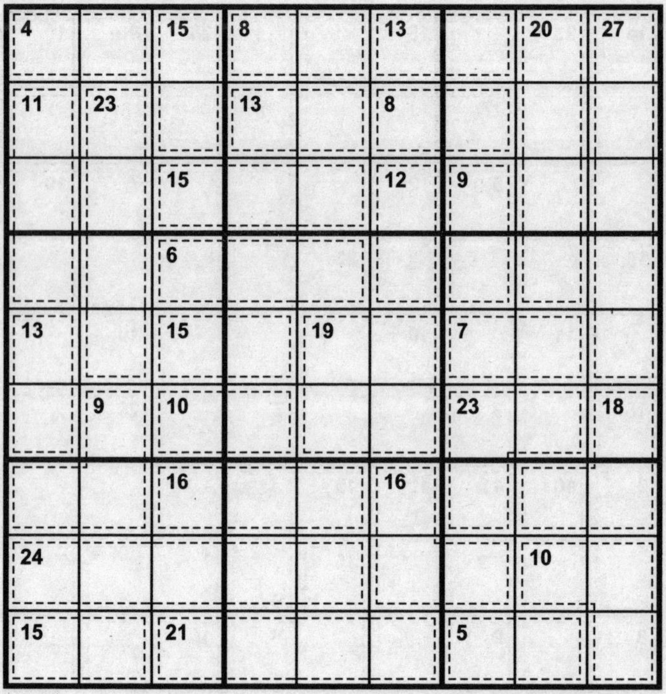
4
15
8
13
20
27
11
23
13
8
15
12
9
6
13
15
19
7
9
10
23
18
16
16
24
10
15
21
5

Ultimate Killer Su Doku *No. 16*

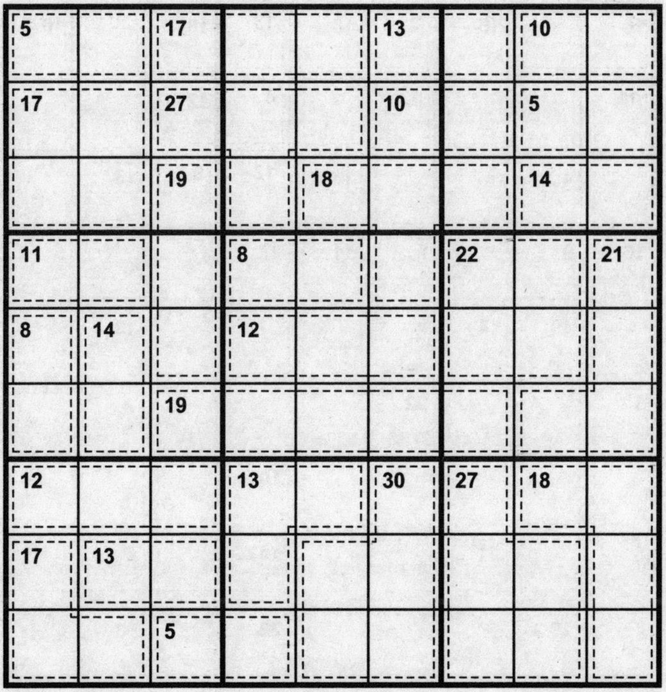

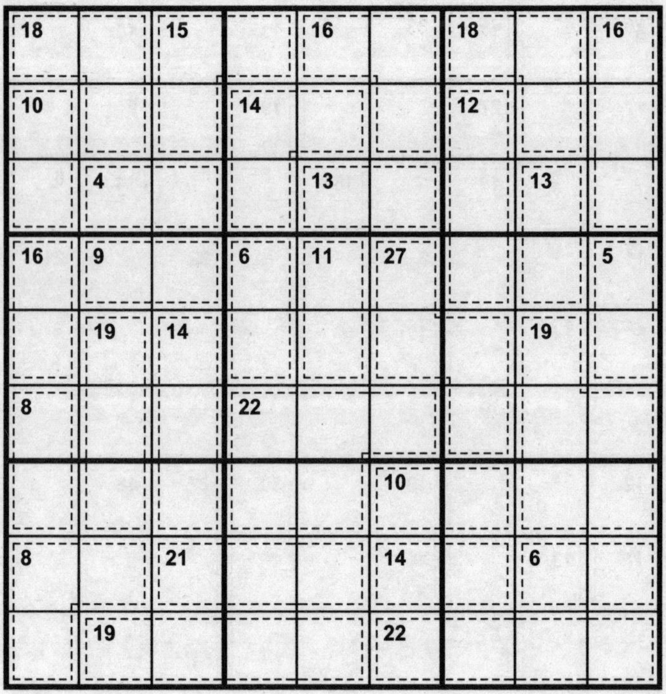
18 15 16 18 16
10 14 12
4 13 13
16 9 6 11 27 5
19 14 19
8 22
10
8 21 14 6
19 22

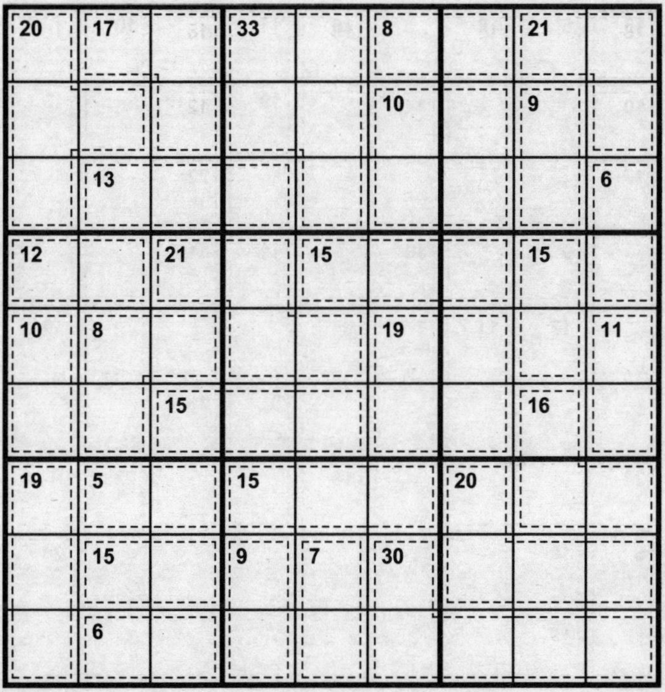
20
17
33
8
21
10
9
13
6
12
21
15
15
10
8
19
11
15
16
19
5
15
20
15
9
7
30
6

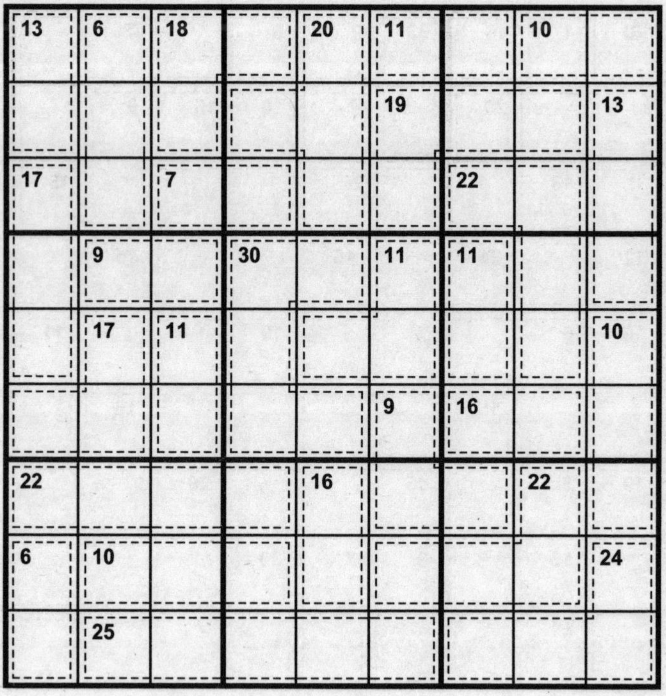
13 6 18 20 11 10
19 13
17 7 22
9 30 11 11
17 11 10
9 16
22 16 22
6 10 24
25

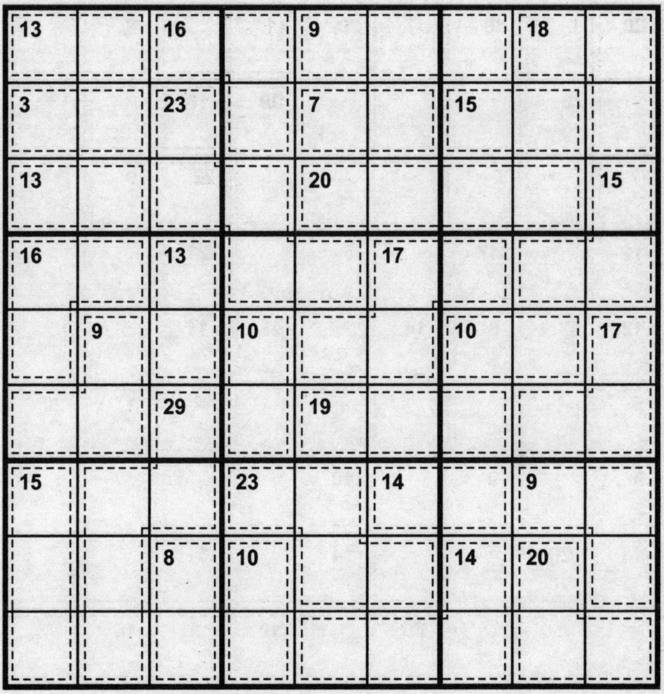
13 16 9 18
3 23 7 15
13 20 15
16 13 17
9 10 10 17
29 19
15 23 14 9
8 10 14 20

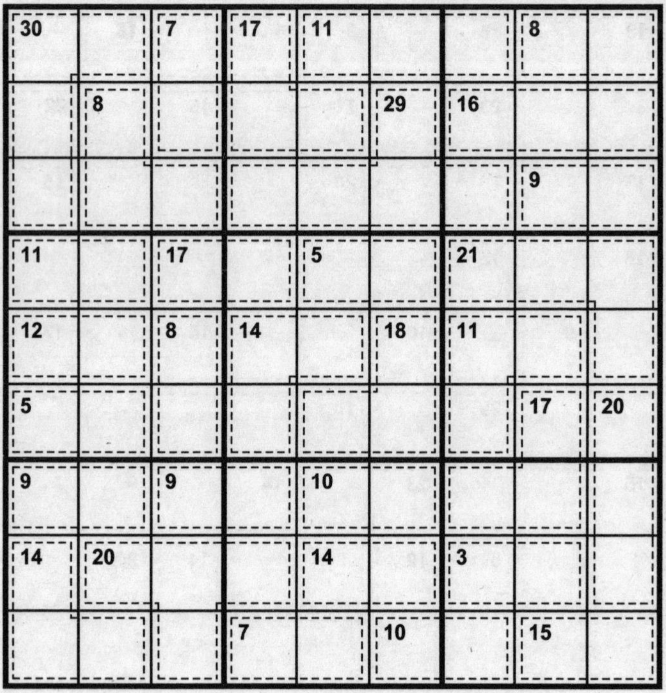
30 7 17 11 8
8 29 16
9
11 17 5 21
12 8 14 18 11
5 17 20
9 9 10
14 20 14 3
7 10 15

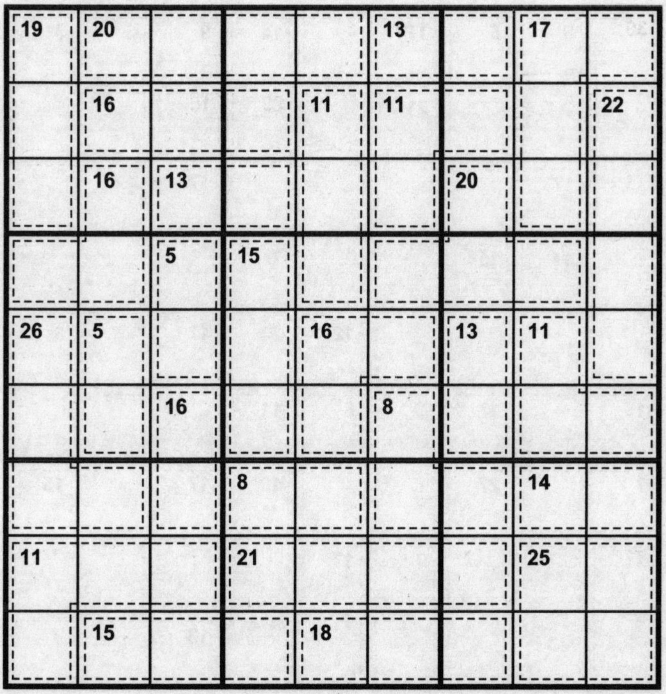
19
20
13
17
16
11
11
22
16
13
20
5
15
26
5
16
13
11
16
8
8
14
11
21
25
15
18

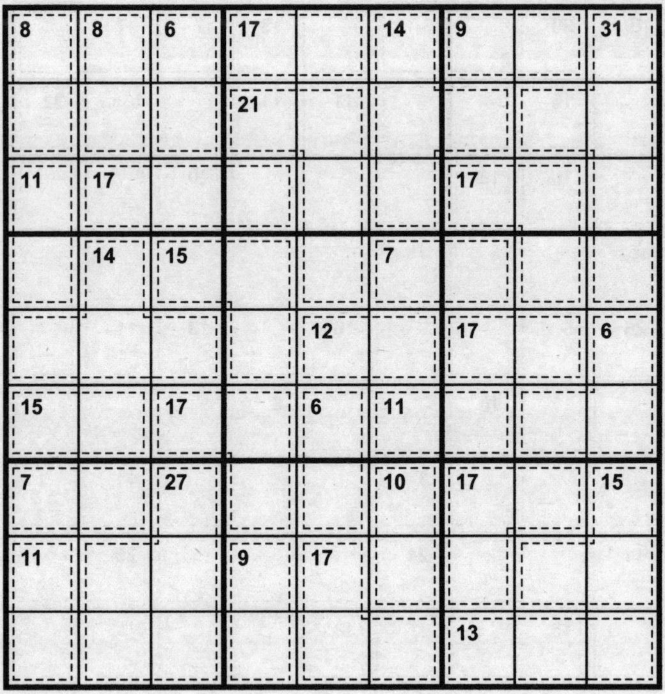
8
8
6
17
14
9
31
21
11
17
17
14
15
7
12
17
6
15
17
6
11
7
27
10
17
15
11
9
17
13

Ultimate Killer Su Doku *No. 24*

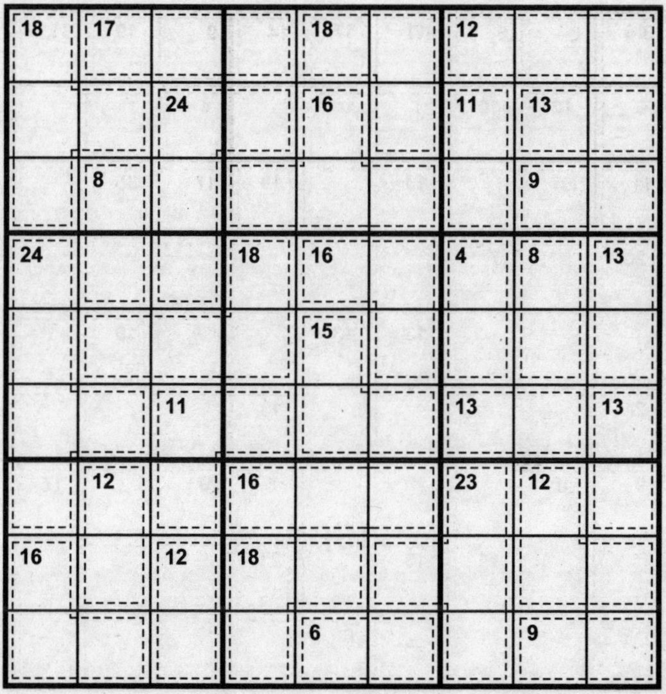

No. 25

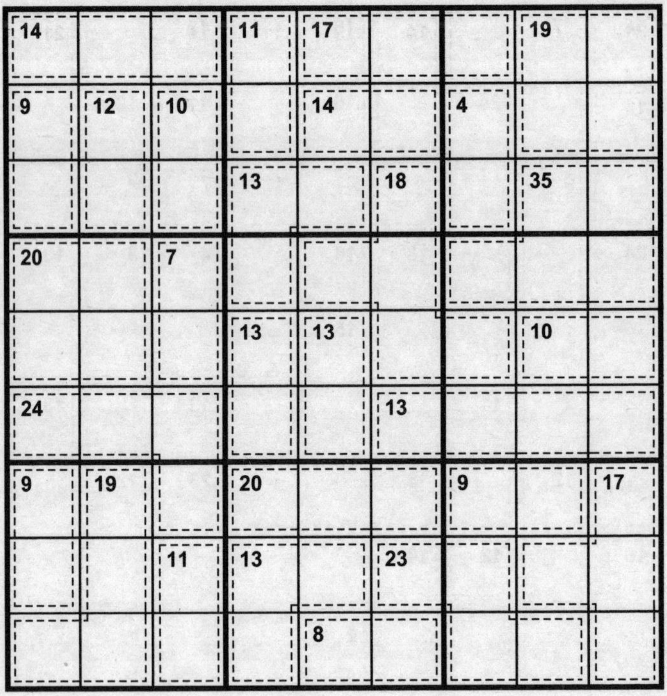
14 11 17 19
9 12 10 14 4
13 18 35
20 7
13 13 10
24 13
9 19 20 9 17
11 13 23
8

Ultimate Killer Su Doku *No. 26*

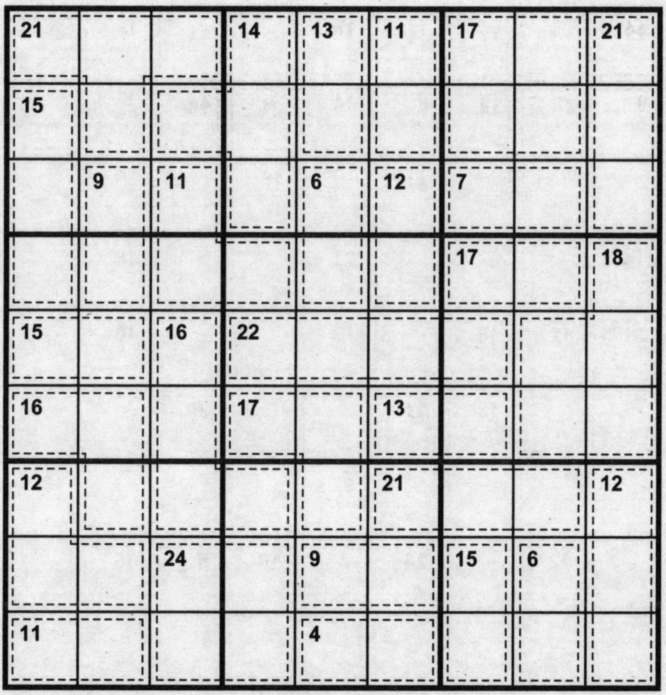

No. 27

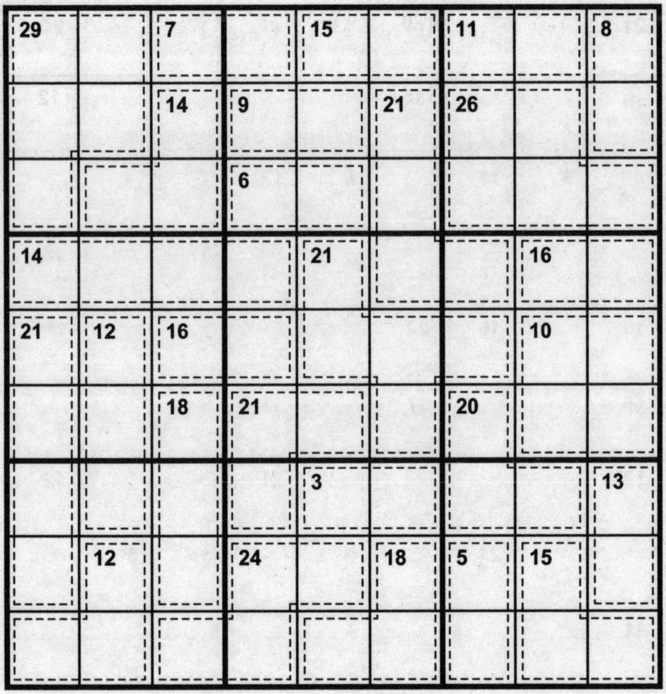

Ultimate Killer Su Doku *No. 28*

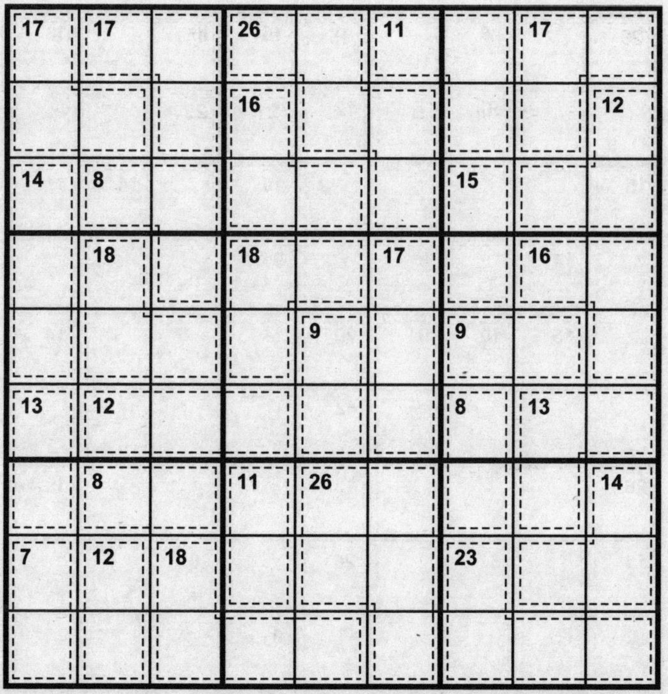

No. 29 Ultimate Killer Su Doku

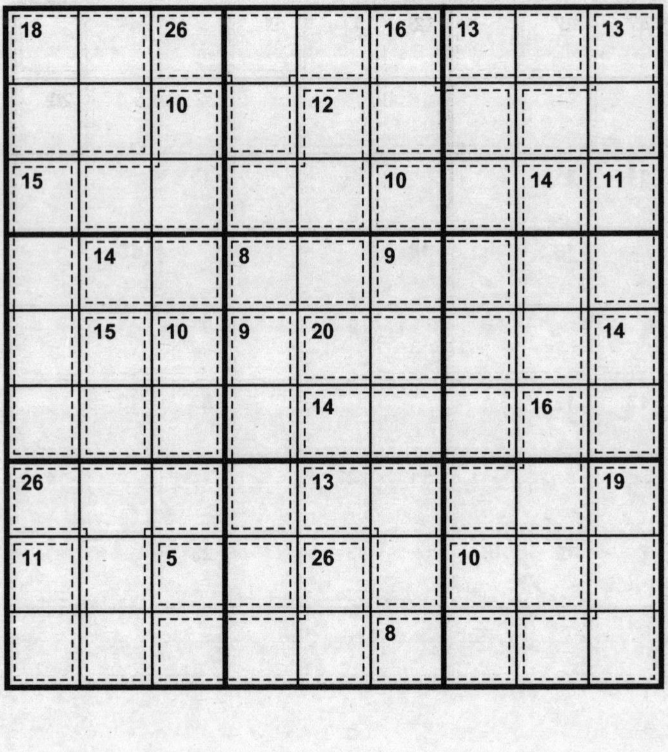

Ultimate Killer Su Doku *No. 30*

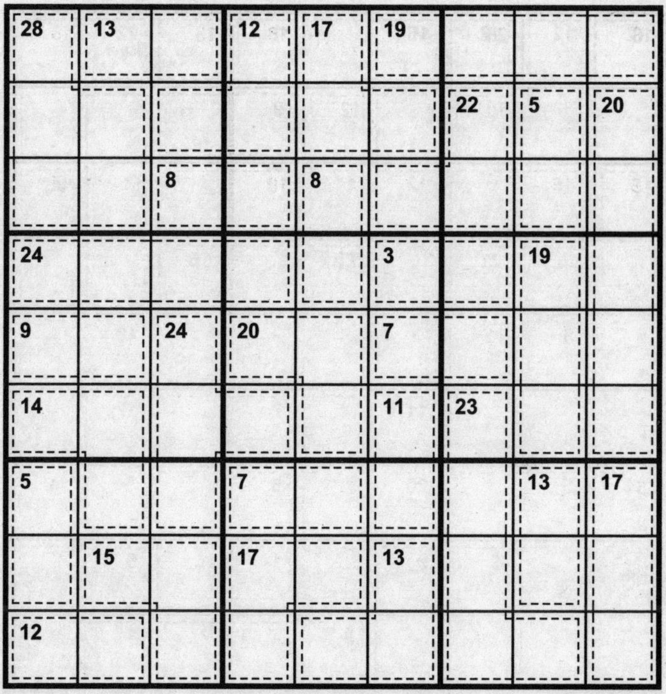

No. 31

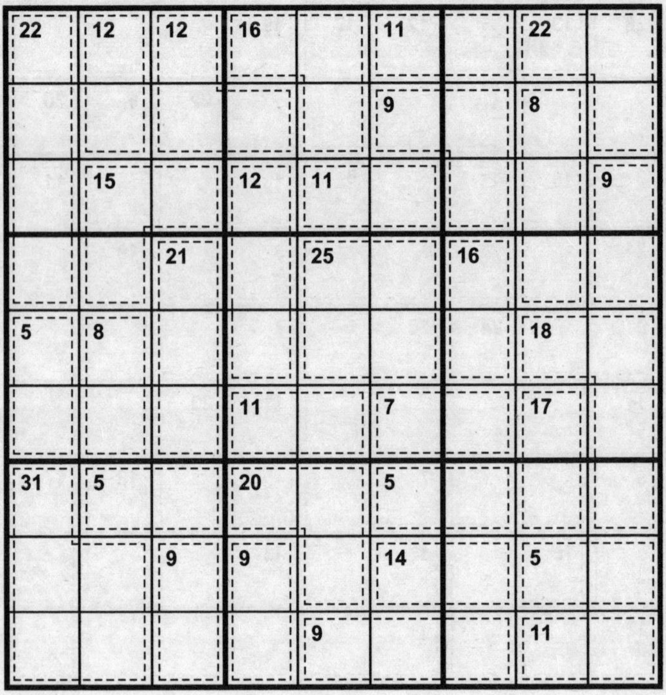
22 12 12 16 11 22
9 8
15 12 11 9
21 25 16
5 8 18
11 7 17
31 5 20 5
9 9 14 5
9 11

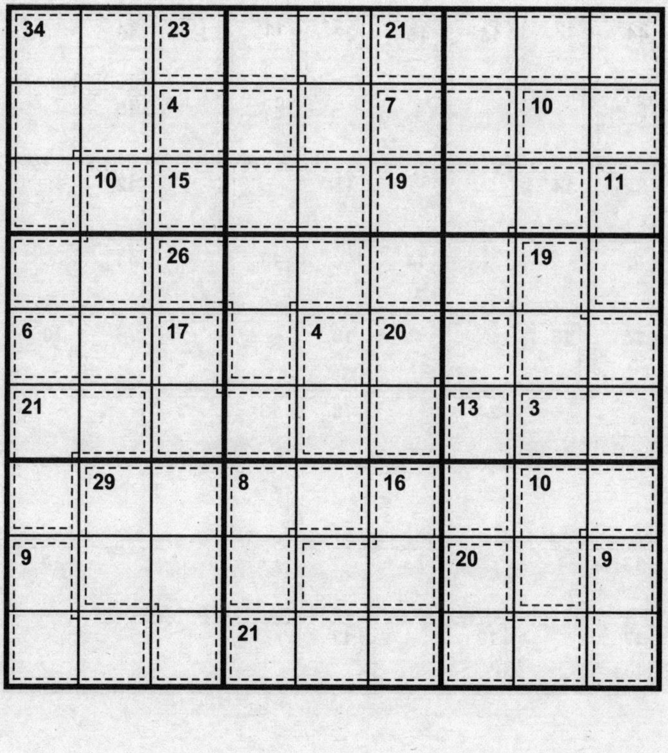
34
23
21
4
7
10
10
15
19
11
26
19
6
17
4
20
21
13
3
29
8
16
10
9
20
9
21

No. 33 Ultimate Killer Su Doku

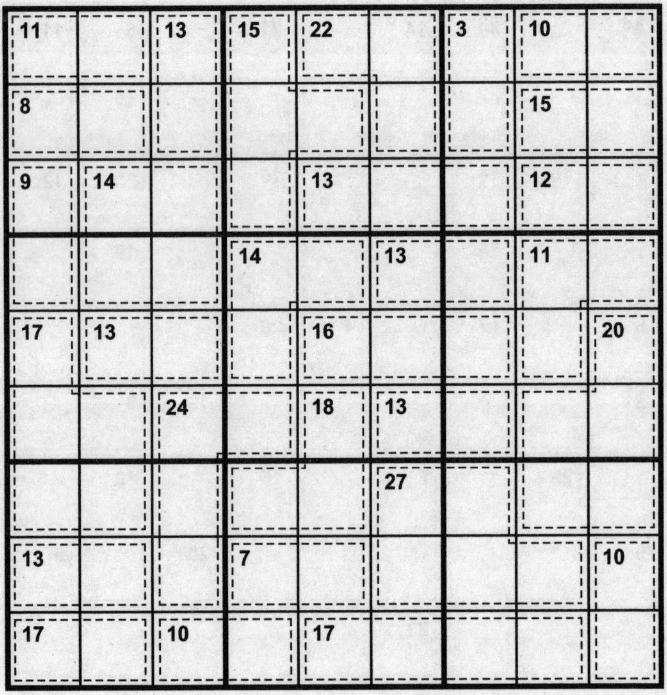

Ultimate Killer Su Doku *No. 34*

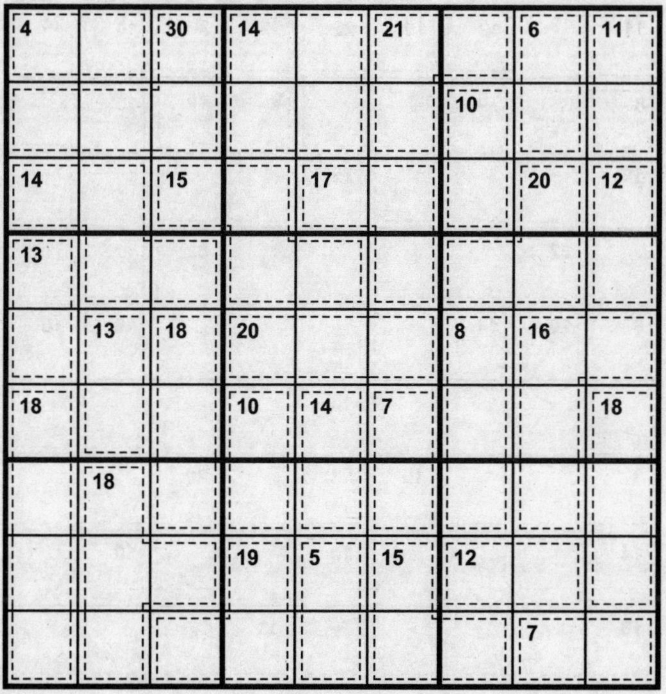

No. 35 Ultimate Killer Su Doku

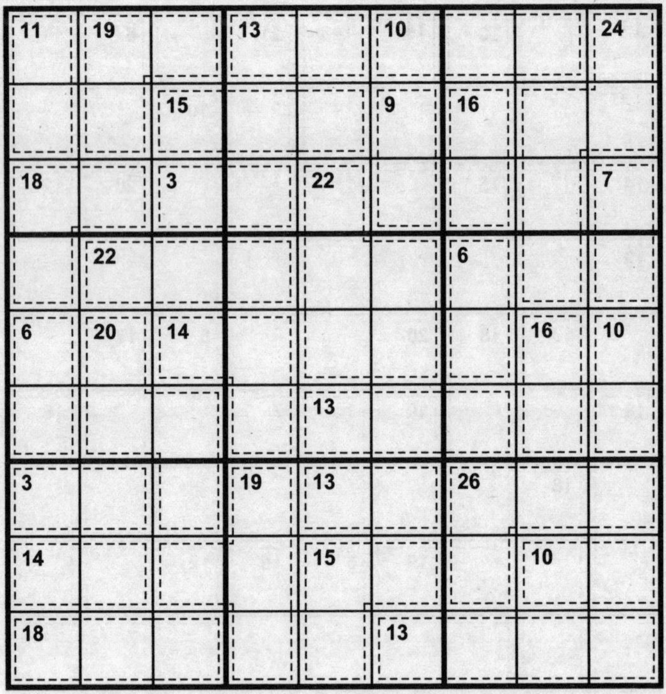

Ultimate Killer Su Doku *No. 36*

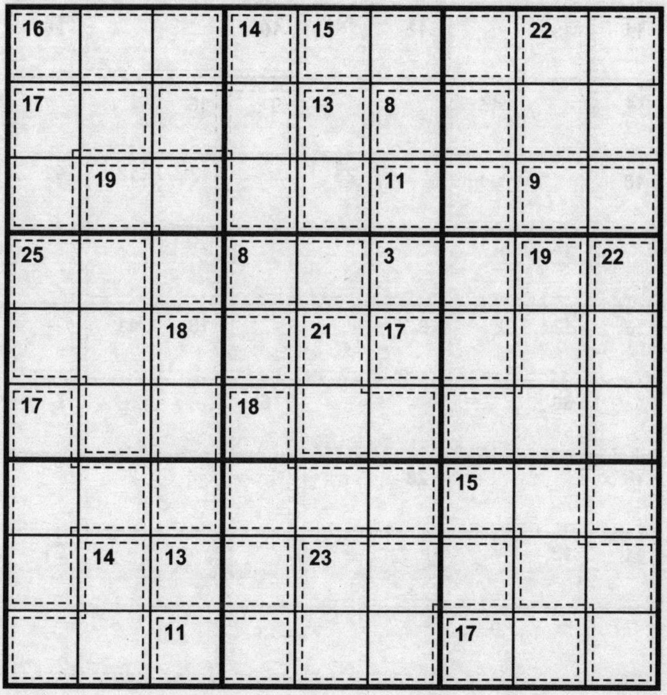

No. 37 Ultimate Killer Su Doku

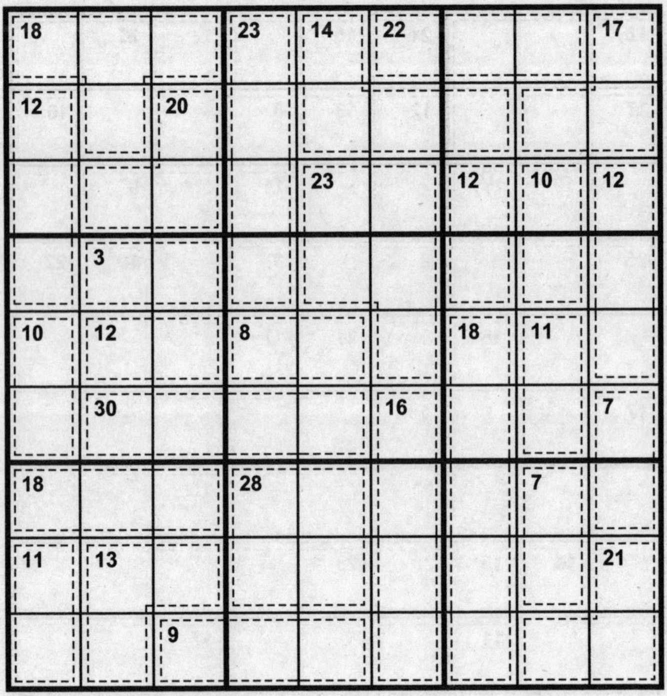

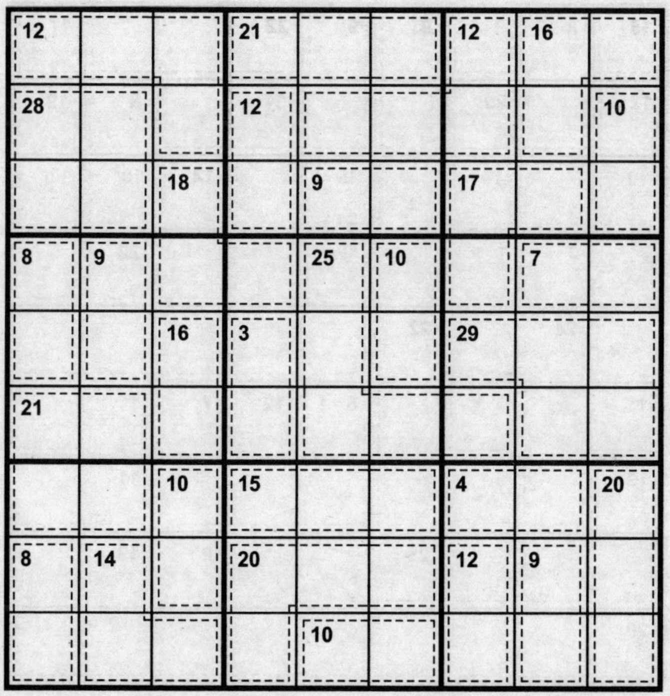
12
21
12
16
28
12
10
18
9
17
8
9
25
10
7
16
3
29
21
10
15
4
20
8
14
20
12
9
10

17	8	9	9	9	16			
					11		8	19
10		10		19		14		
7	7			12			22	
	24		22					
11				8	12	7	11	
19							11	
			25			9	19	
20								

No. 40

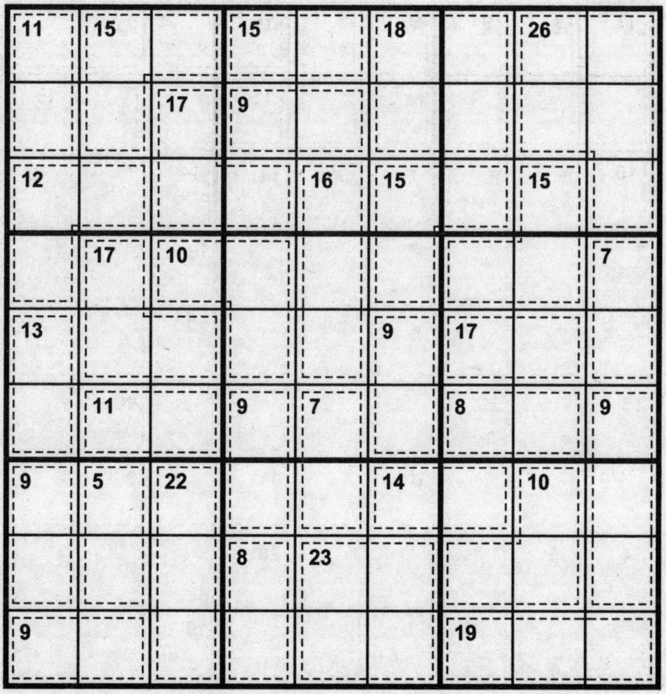
11 15 15 18 26
17 9
12 16 15 15
17 10 7
13 9 17
11 9 7 8 9
9 5 22 14 10
8 23
9 19

No. 41 Ultimate Killer Su Doku

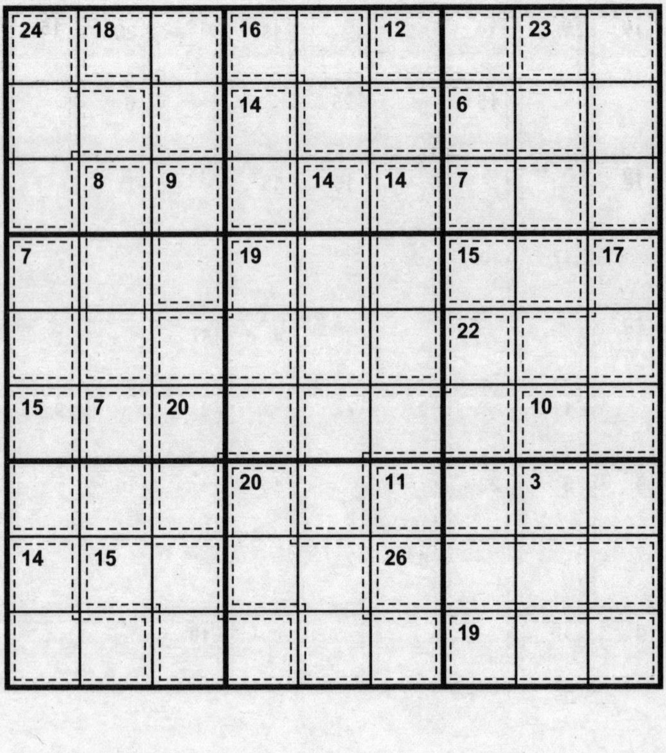

Ultimate Killer Su Doku *No. 42*

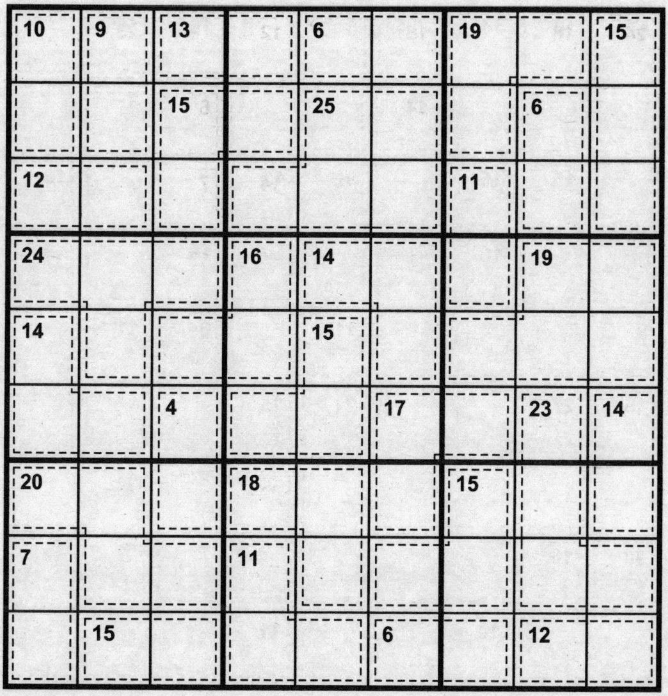

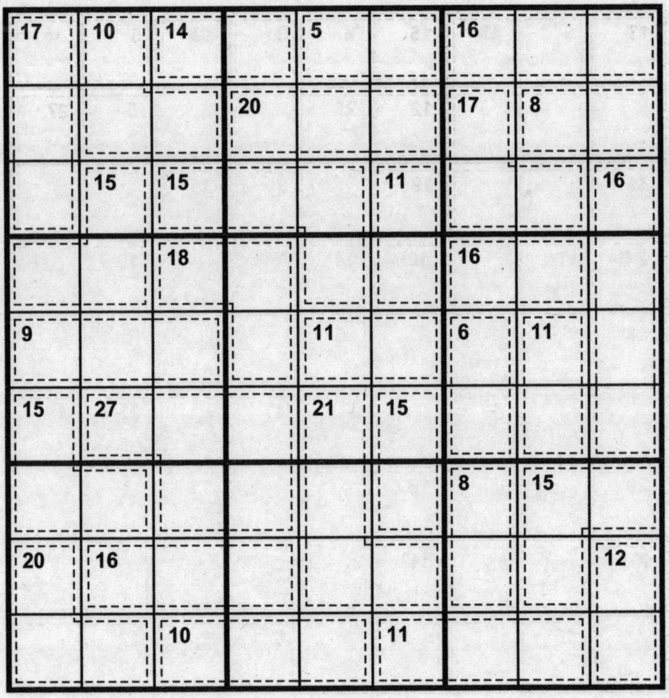
17
10
14
5
16
20
17
8
15
15
11
16
18
16
9
11
6
11
15
27
21
15
8
15
20
16
12
10
11

Ultimate Killer Su Doku *No. 44*

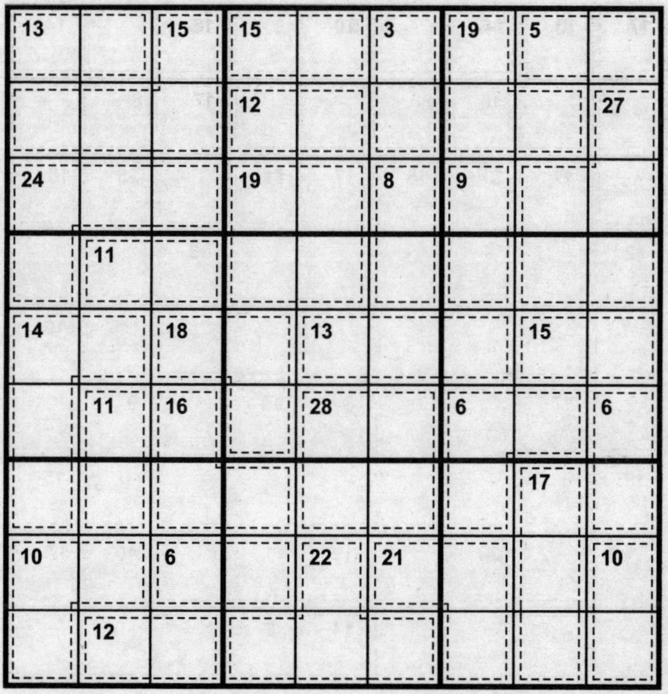

No. 45

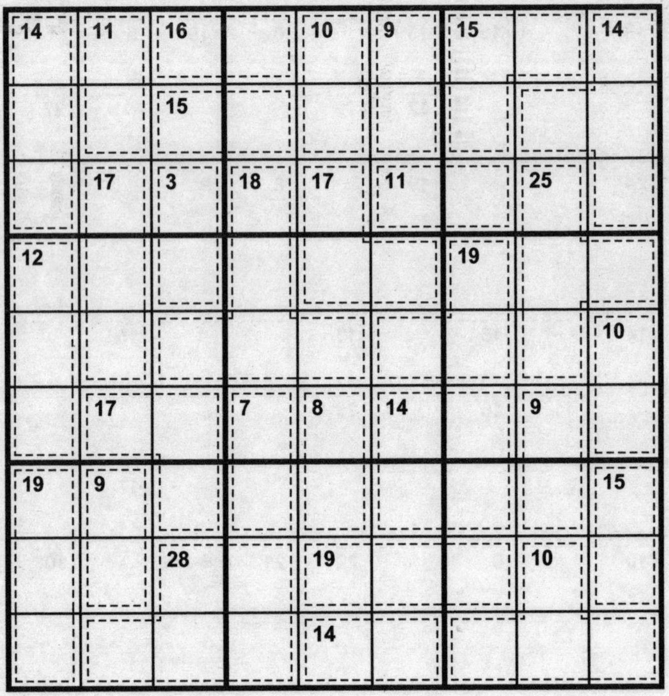
14 11 16 10 9 15 14
15
17 3 18 17 11 25
12 19
10
17 7 8 14 9
19 9 15
28 19 10
14

Ultimate Killer Su Doku *No. 46*

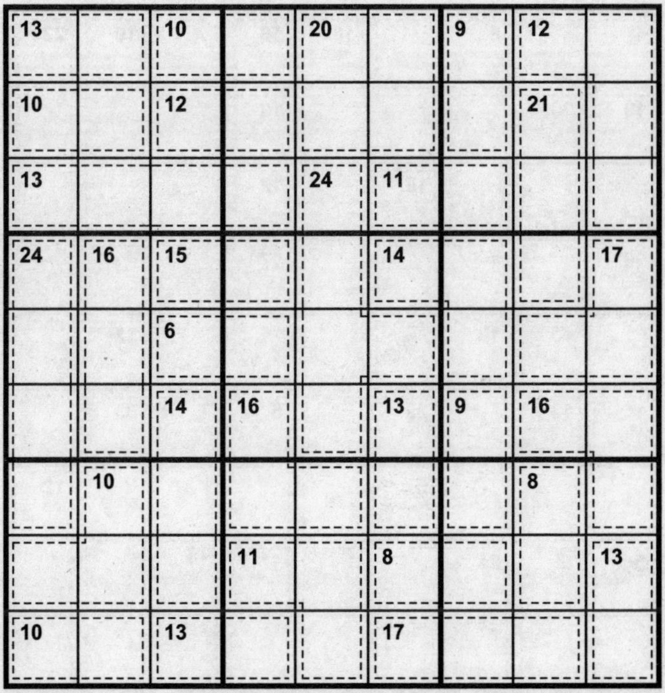

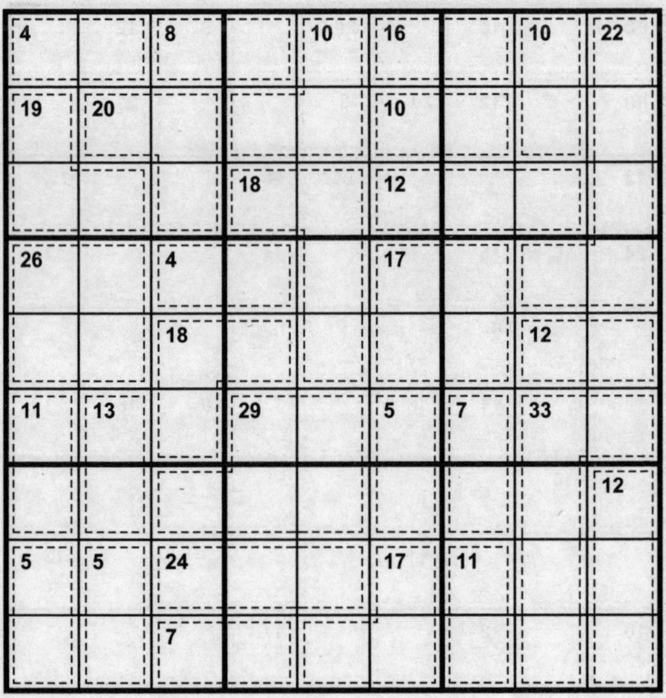
4
8
10
16
10
22
19
20
10
18
12
26
4
17
18
12
11
13
29
5
7
33
12
5
5
24
17
11
7

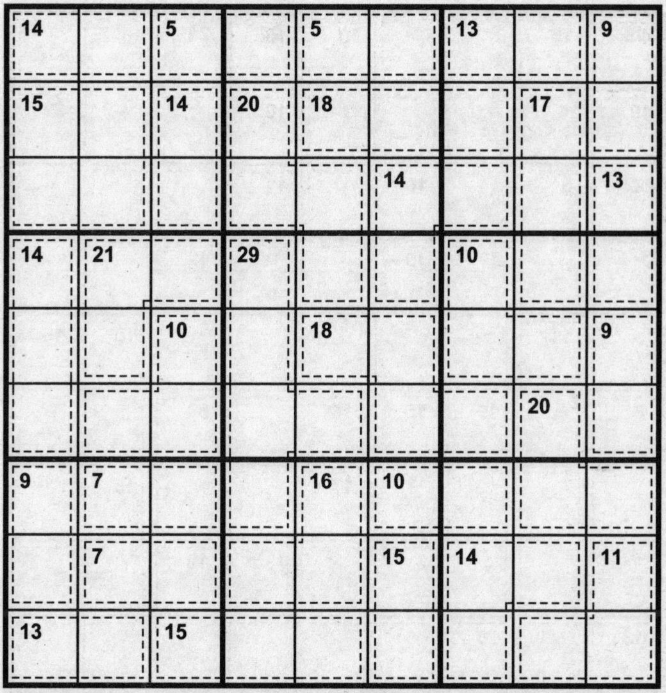

No. 49

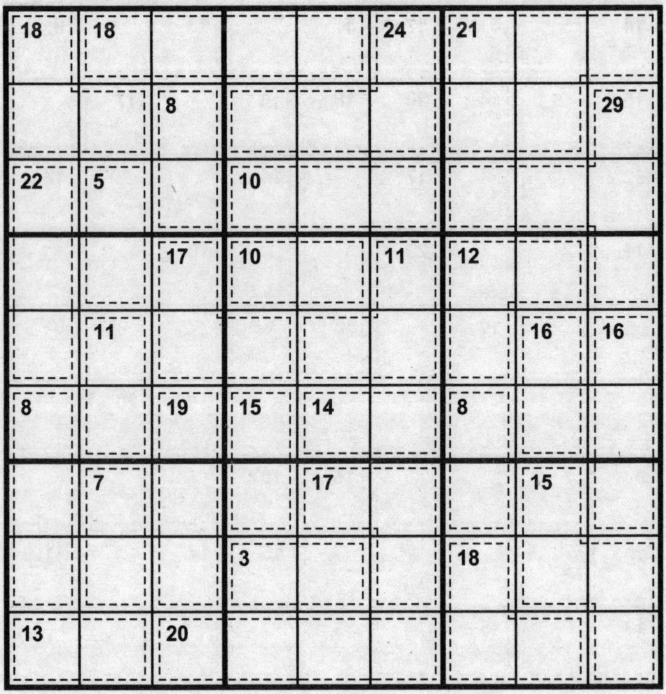
18
18
24
21
8
29
22
5
10
17
10
11
12
11
16
16
8
19
15
14
8
7
17
15
3
18
13
20

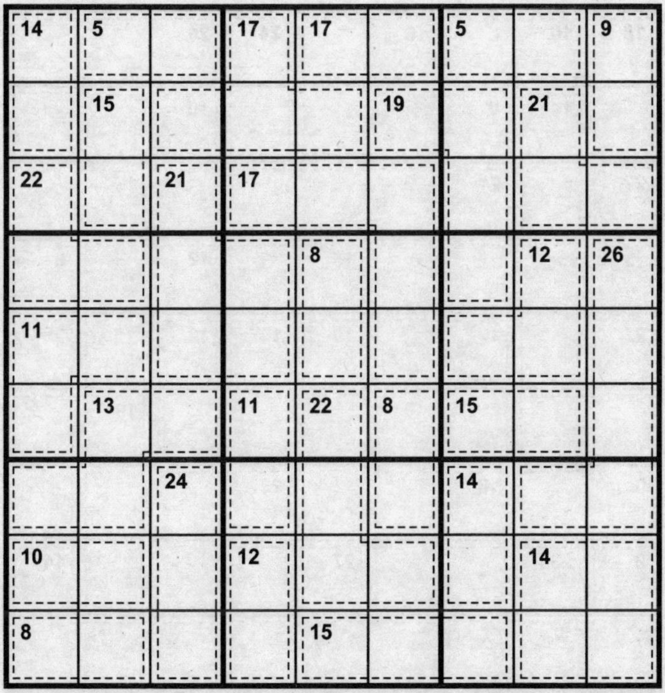
14 5 17 17 5 9
15 19 21
22 21 17
8 12 26
11
13 11 22 8 15
24 14
10 12 14
8 15

No. 51 Ultimate Killer Su Doku

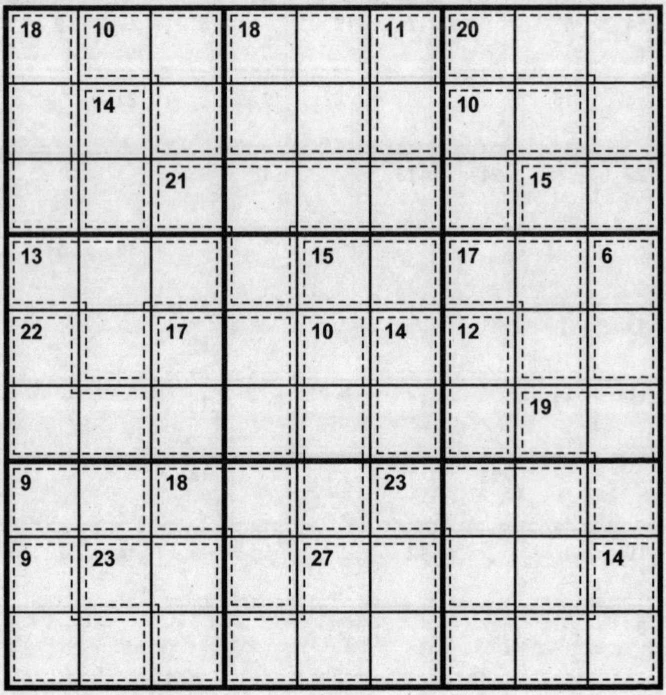

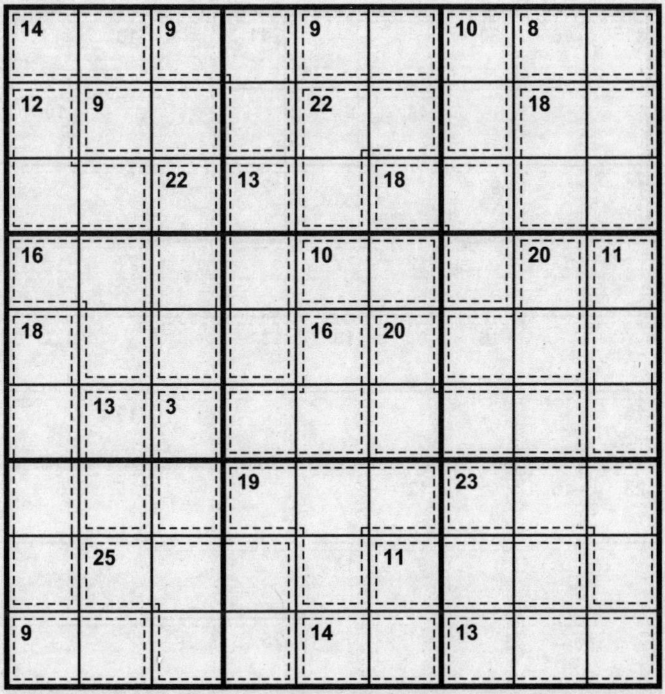
14 9 9 10 8
12 9 22 18
22 13 18
16 10 20 11
18 16 20
13 3
19 23
25 11
9 14 13

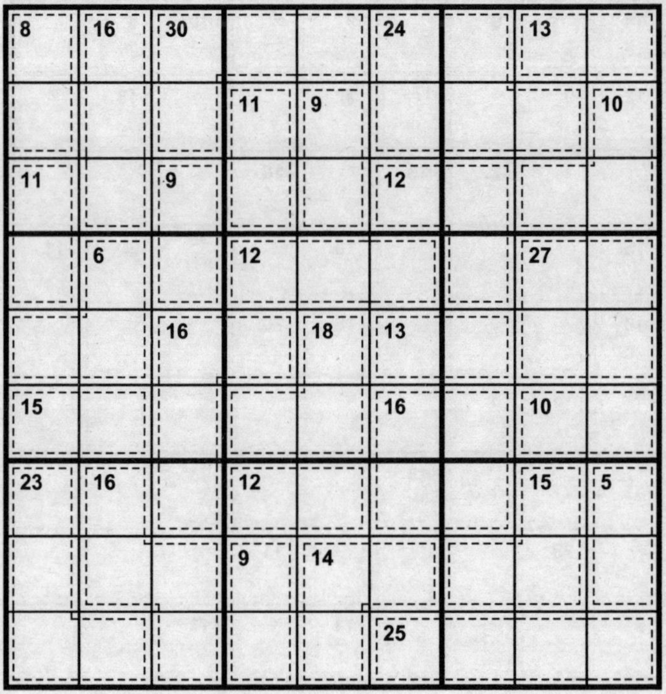
8 16 30 24 13
11 9 10
11 9 12
6 12 27
16 18 13
15 16 10
23 16 12 15 5
9 14
25

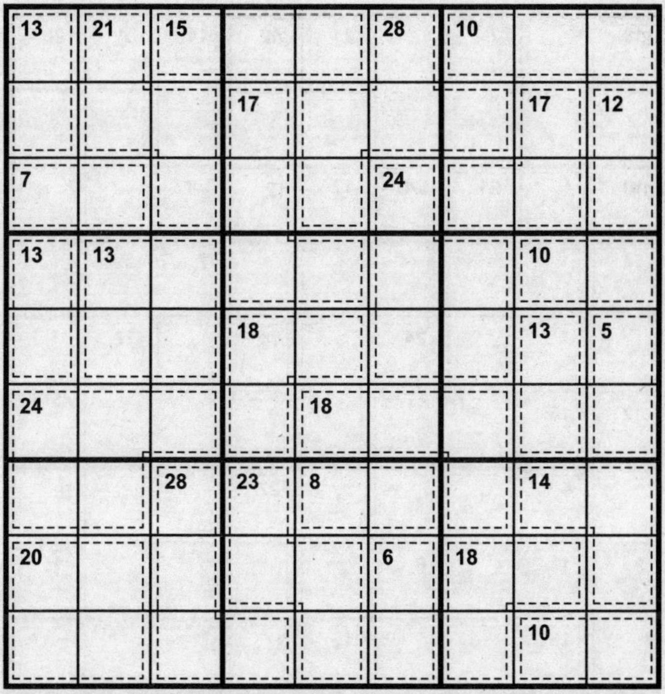
13
21
15
28
10
17
17
12
7
24
13
13
10
18
13
5
24
18
28
23
8
14
20
6
18
10

No. 55 Ultimate Killer Su Doku

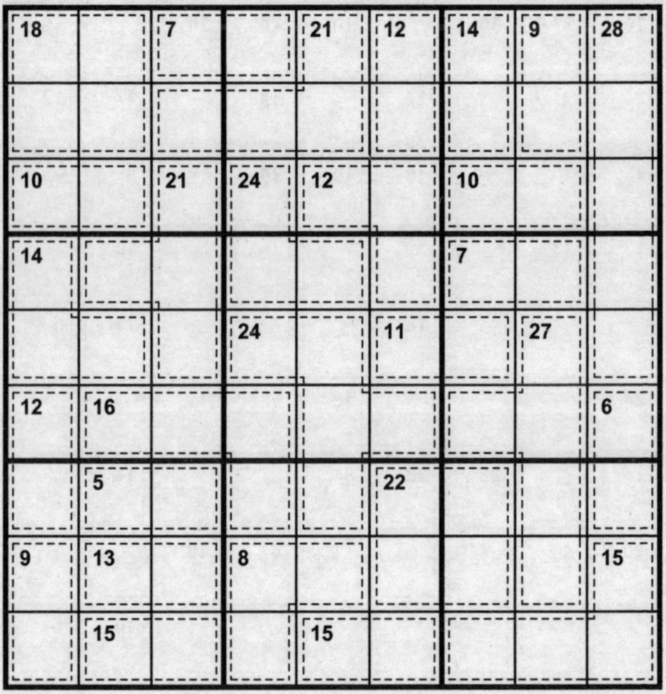

No. 56

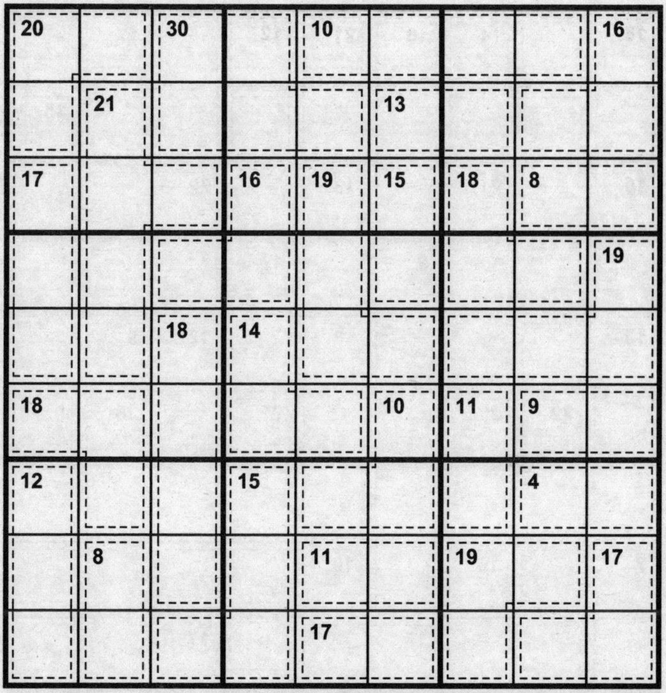
20
30
10
16
21
13
17
16
19
15
18
8
19
18
14
18
10
11
9
12
15
4
8
11
19
17
17

No. 57

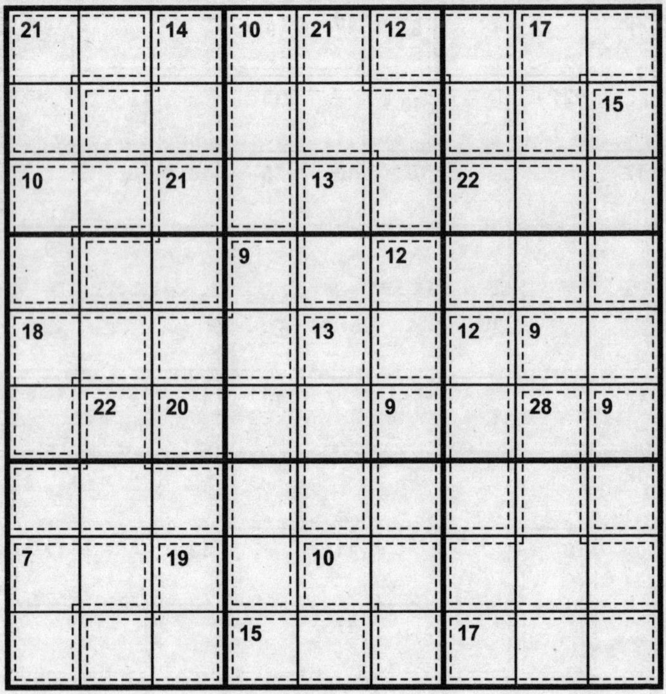

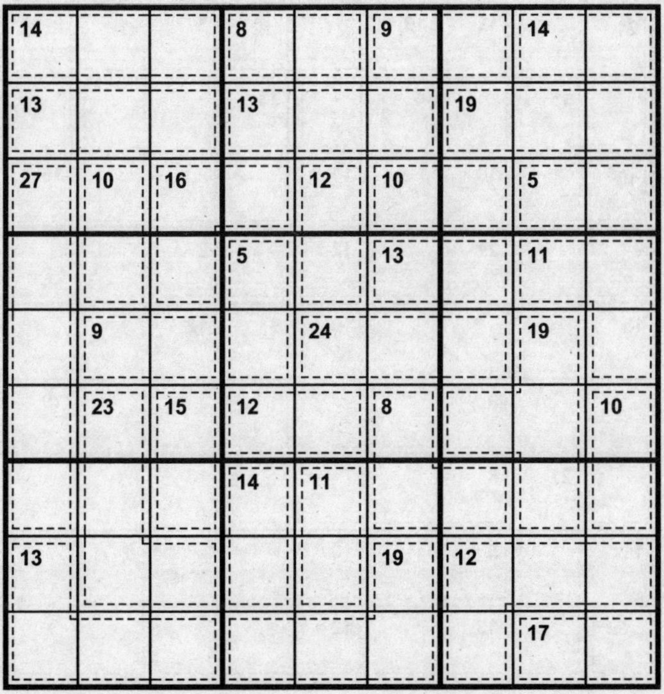
14 8 9 14
13 13 19
27 10 16 12 10 5
5 13 11
9 24 19
23 15 12 8 10
14 11
13 19 12
17

No. 59 Ultimate Killer Su Doku

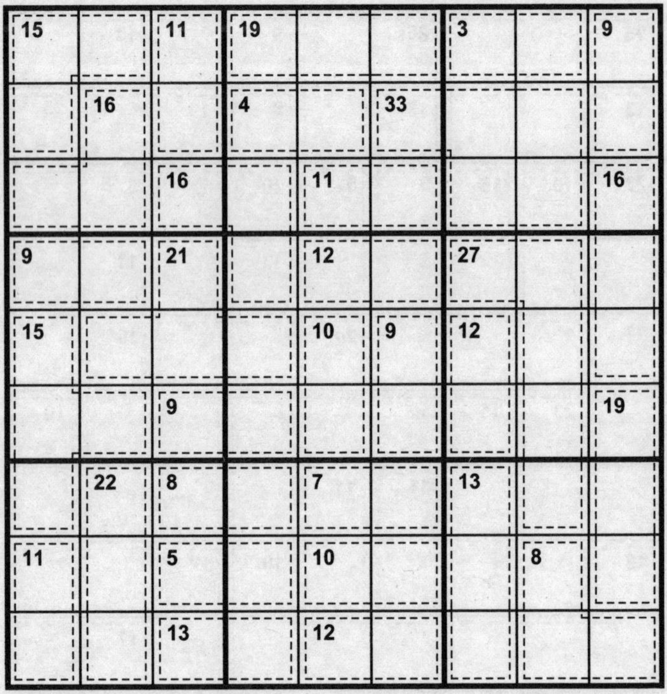

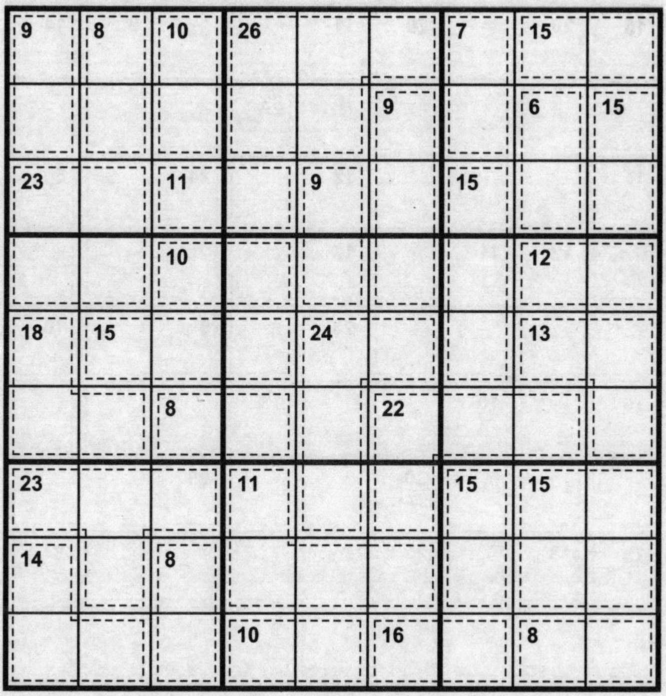
9
8
10
26
7
15
9
6
15
23
11
9
15
10
12
18
15
24
13
8
22
23
11
15
15
14
8
10
16
8

No. 61

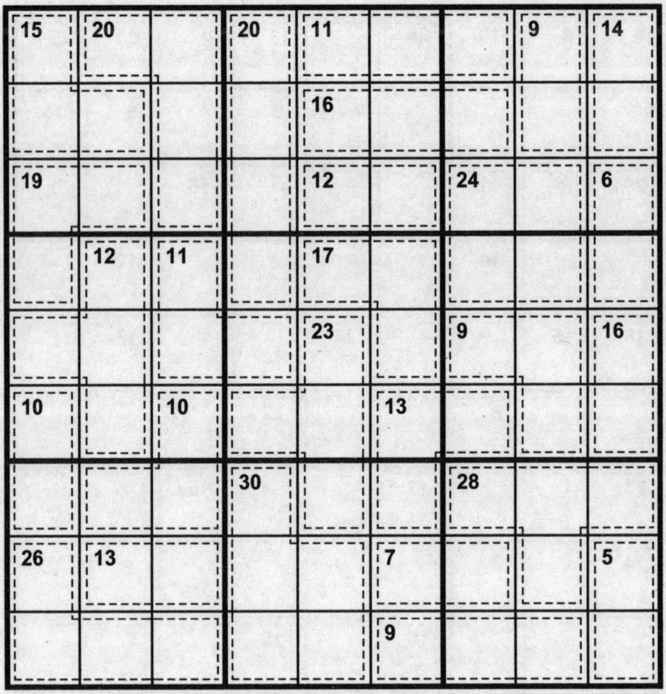

No. 62

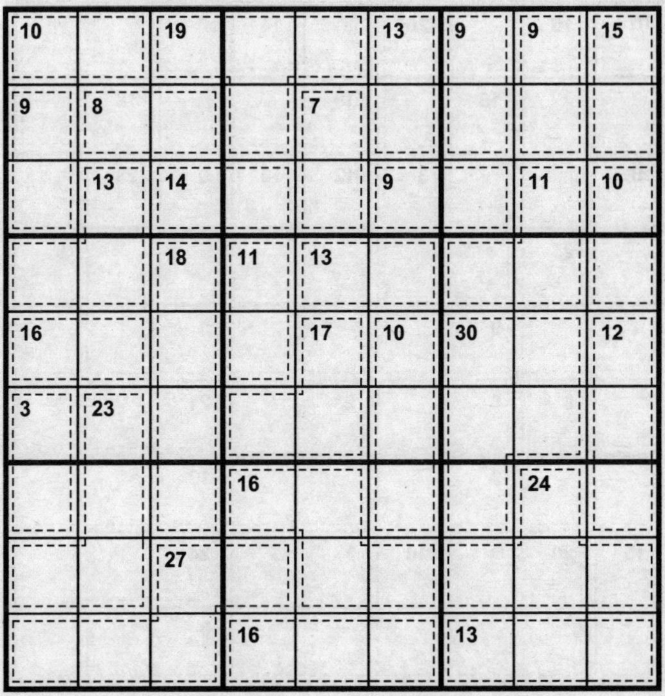
10 19 13 9 9 15
9 8 7
13 14 9 11 10
18 11 13
16 17 10 30 12
3 23
16 24
27
16 13

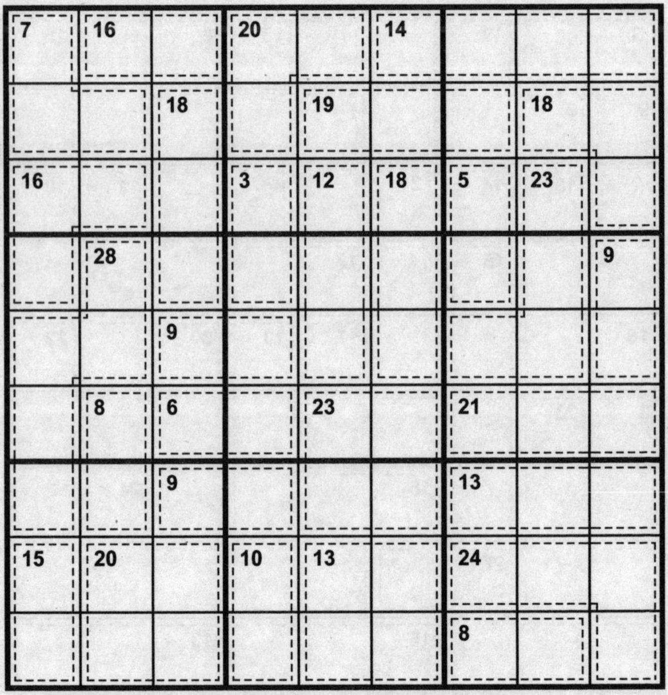
7 16 20 14
18 19 18
16 3 12 18 5 23
28 9
9
8 6 23 21
9 13
15 20 10 13 24
8

Ultimate Killer Su Doku *No. 64*

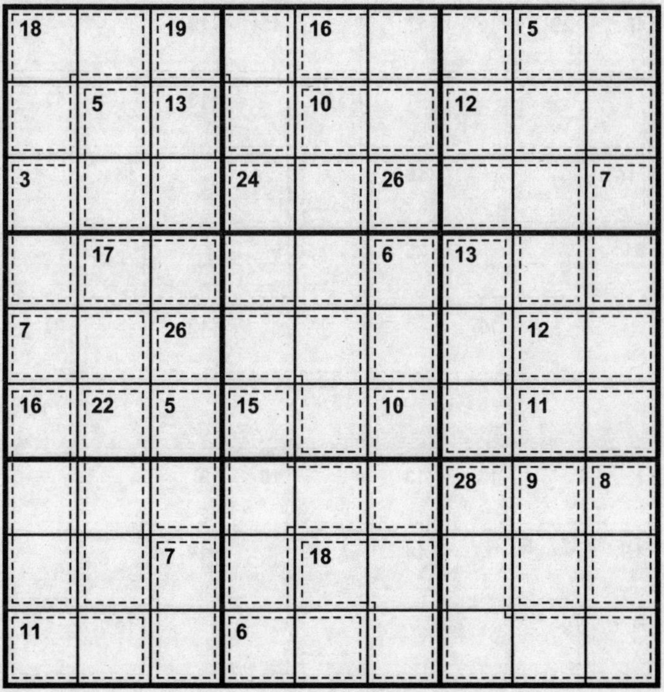

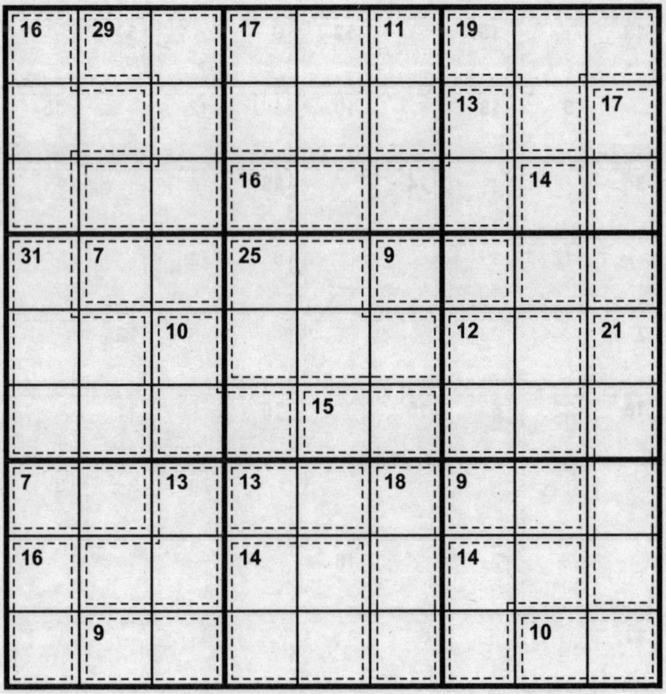
16 29 17 11 19
13 17
16 14
31 7 25 9
10 12 21
15
7 13 13 18 9
16 14 14
9 10

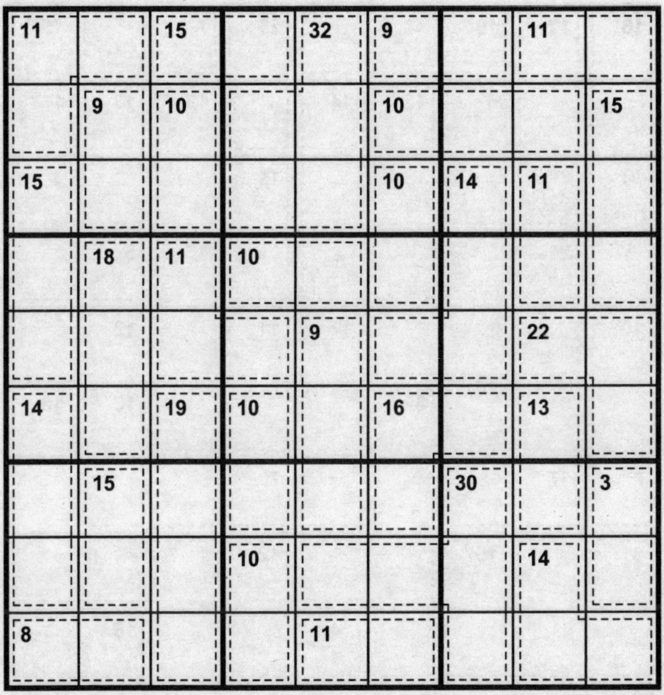
11 15 32 9 11
9 10 10 15
15 10 14 11
18 11 10
9 22
14 19 10 16 13
15 30 3
10 14
8 11

15	12	19			20	7		15
		5	12	14			13	
13					15			
	25					15	5	
10				12	11		12	
	9		32				13	13
	17				7			
8		15			12			
				14			15	

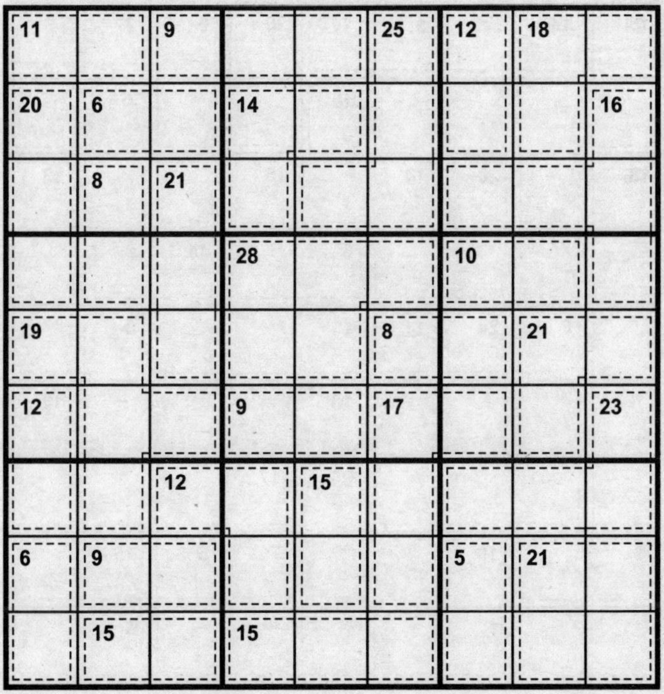
11 9 25 12 18
20 6 14 16
8 21
28 10
19 8 21
12 9 17 23
12 15
6 9 5 21
15 15

No. 69 Ultimate Killer Su Doku

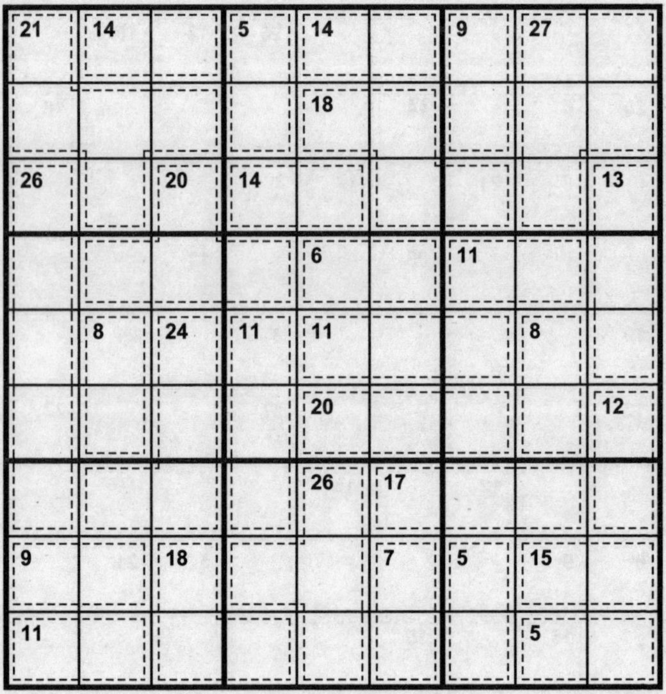

Ultimate Killer Su Doku *No. 70*

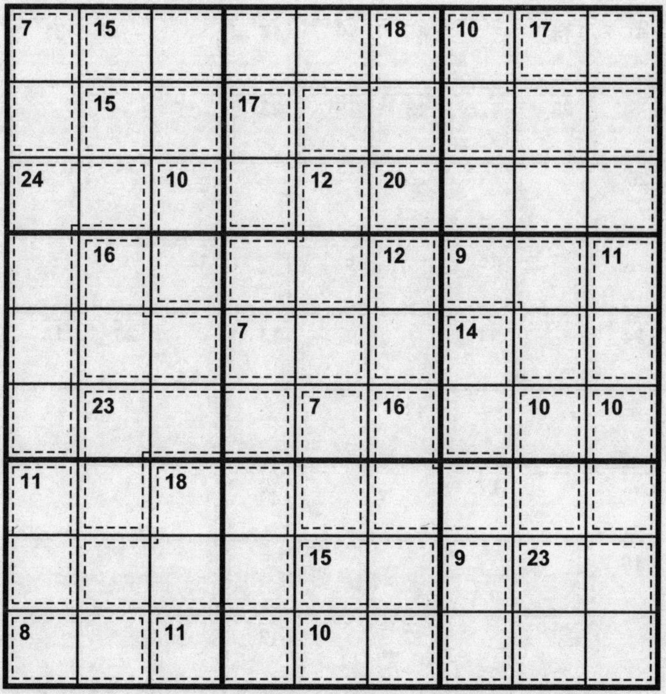

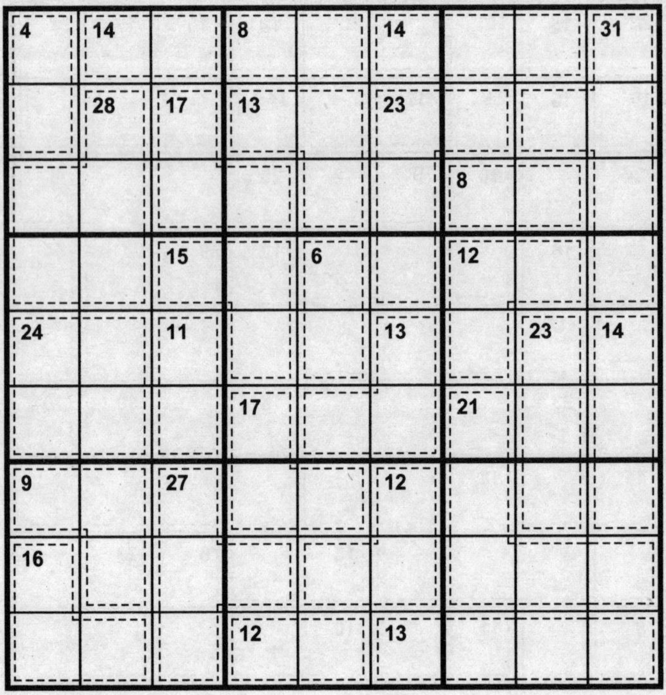
4
14
8
14
31
28
17
13
23
8
15
6
12
24
11
13
23
14
17
21
9
27
12
16
12
13

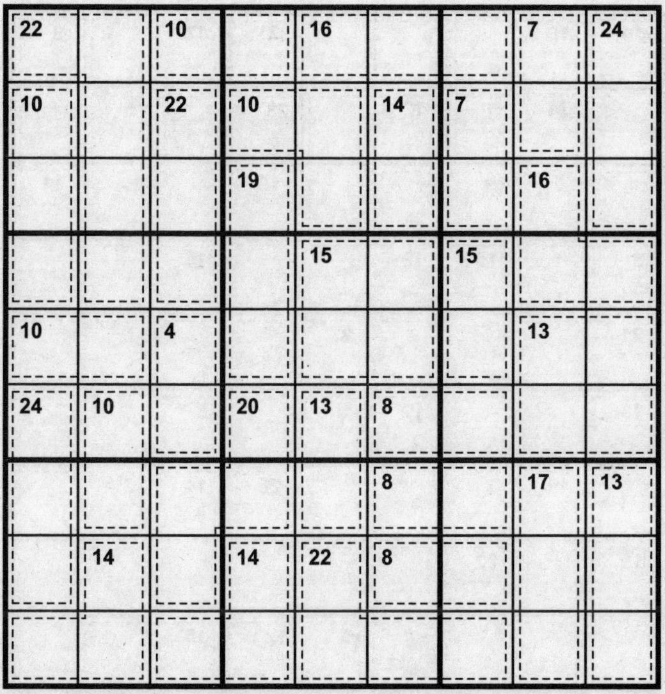
22 10 16 7 24
10 22 10 14 7
19 16
15 15
10 4 13
24 10 20 13 8
8 17 13
14 14 22 8

No. 73

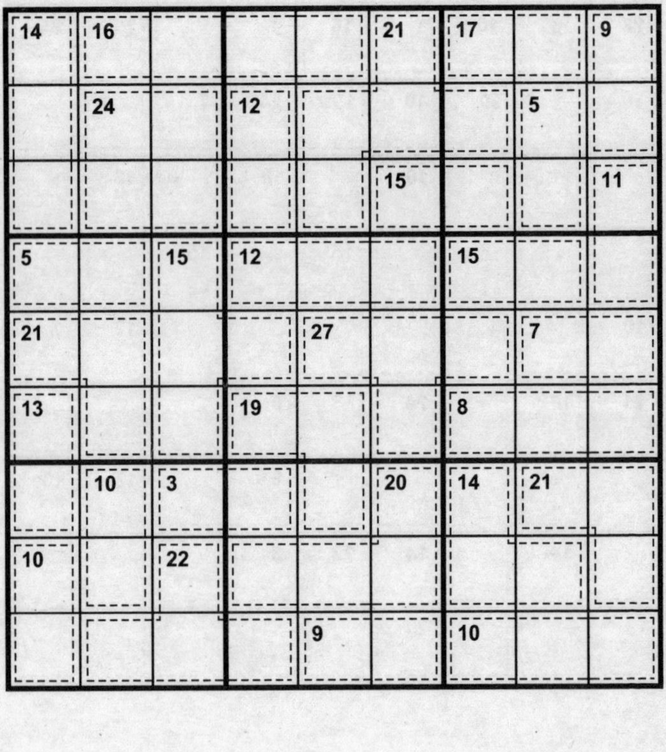
14 16 21 17 9
24 12 5
15 11
5 15 12 15
21 27 7
13 19 8
10 3 20 14 21
10 22
9 10

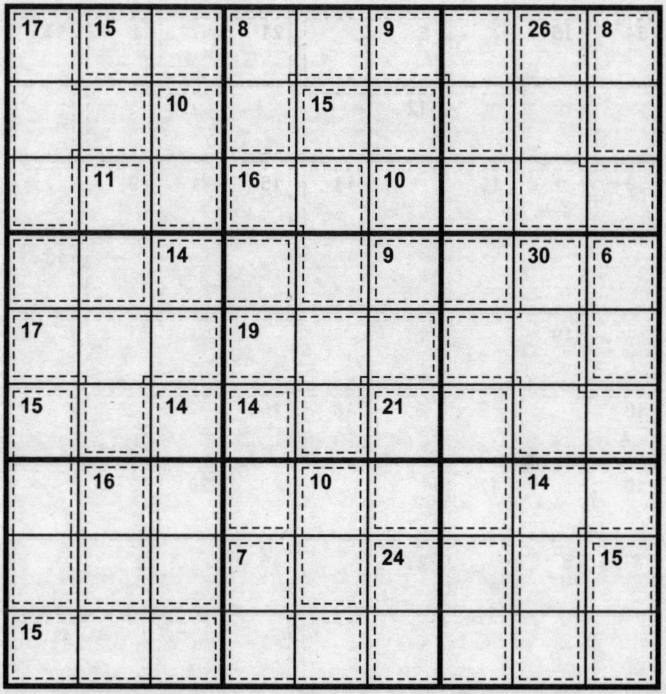
17 15 8 9 26 8
10 15
11 16 10
14 9 30 6
17 19
15 14 14 21
16 10 14
7 24 15
15

No. 75

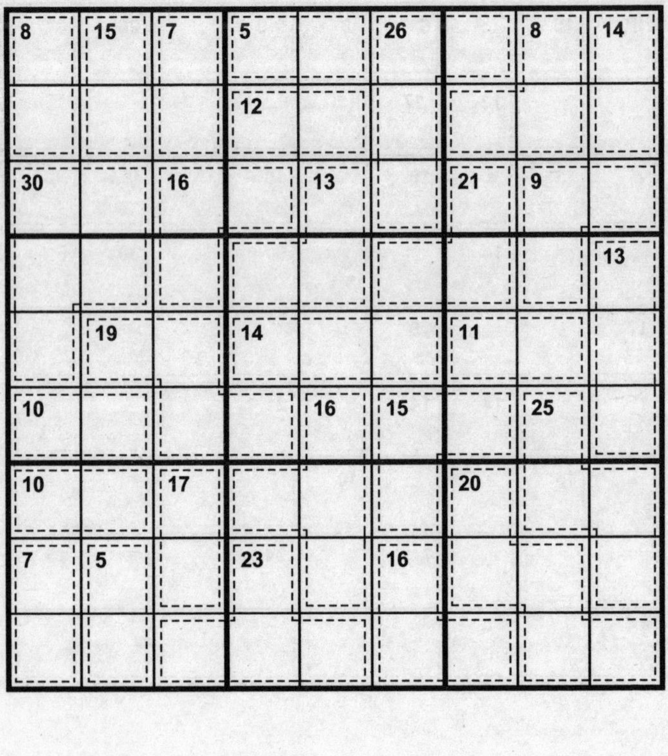

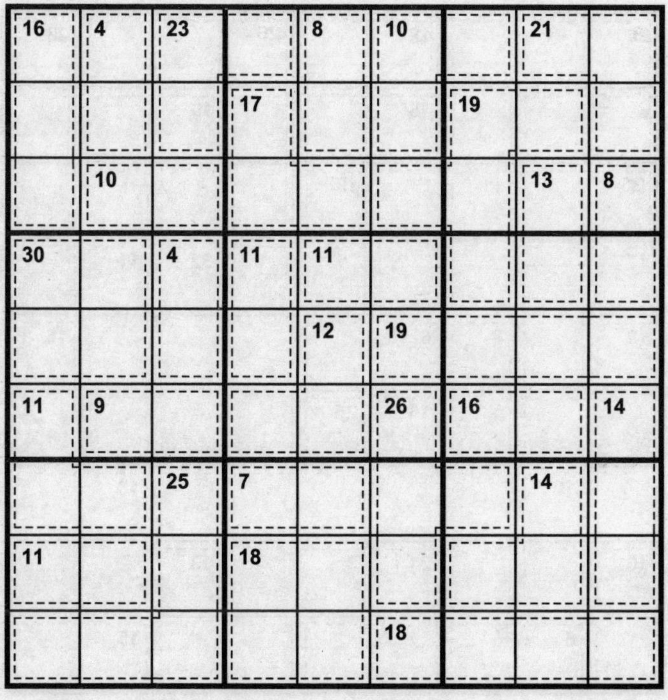
16 4 23 8 10 21
17 19
10 13 8
30 4 11 11
12 19
11 9 26 16 14
25 7 14
11 18
18

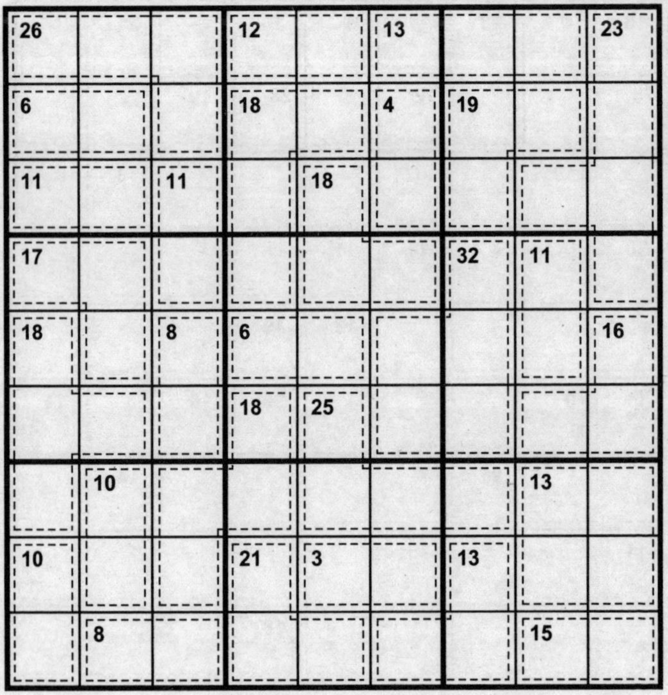
26
12
13
23
6
18
4
19
11
11
18
17
32
11
18
8
6
16
18
25
10
13
10
21
3
13
8
15

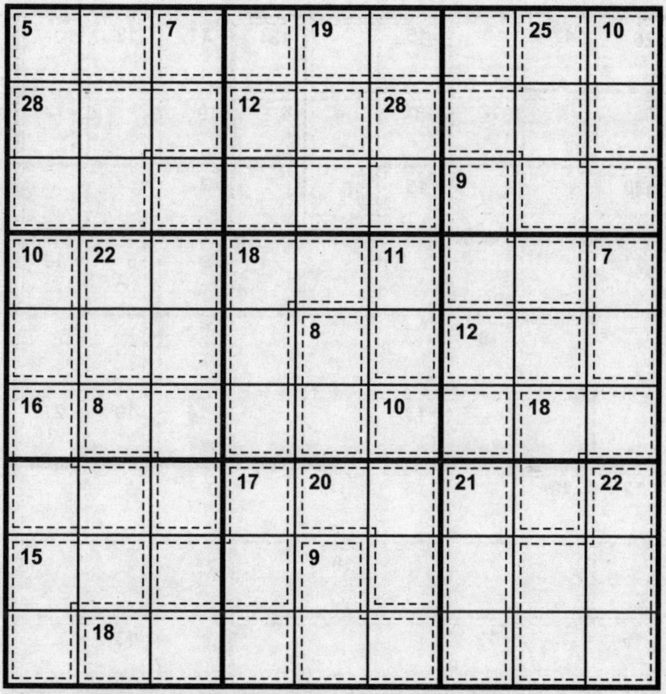
5 7 19 25 10
28 12 28
9
10 22 18 11 7
8 12
16 8 10 18
17 20 21 22
15 9
18

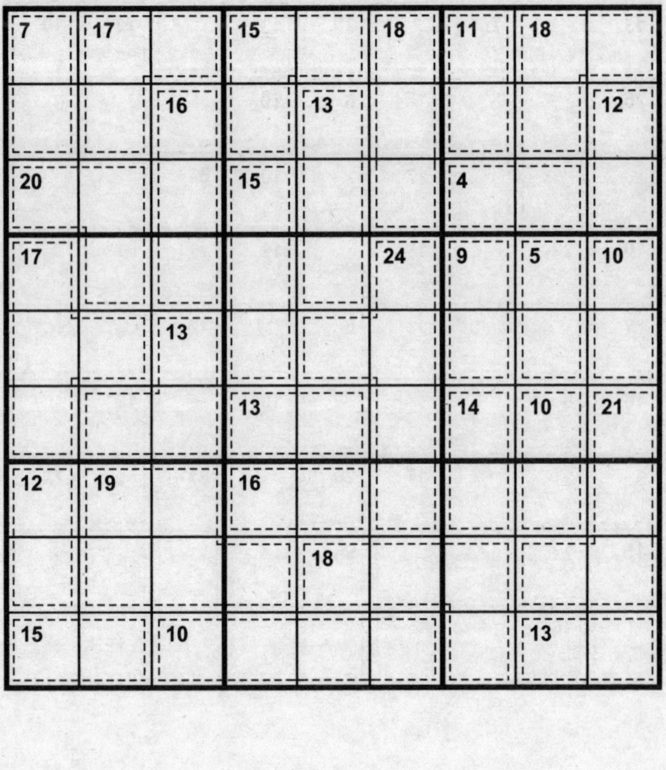
7
17
15
18
11
18
16
13
12
20
15
4
17
24
9
5
10
13
13
14
10
21
12
19
16
18
15
10
13

Ultimate Killer Su Doku *No. 80*

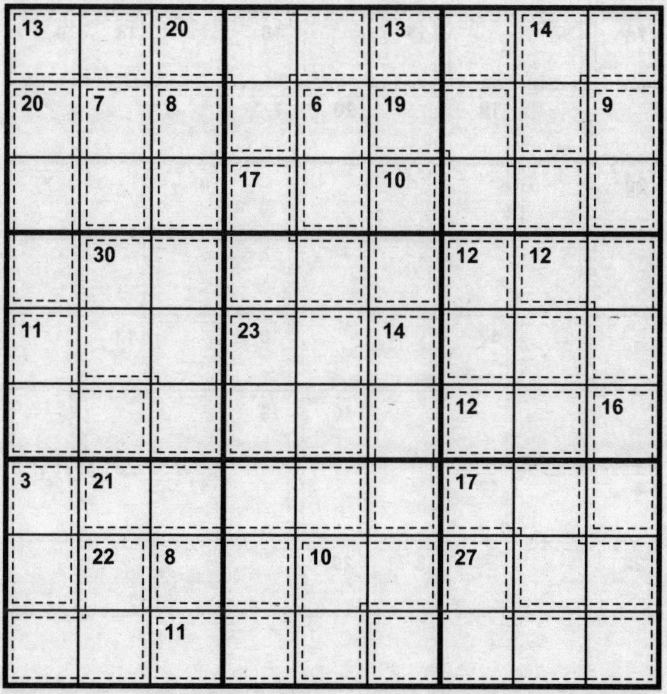

No. 81 Ultimate Killer Su Doku

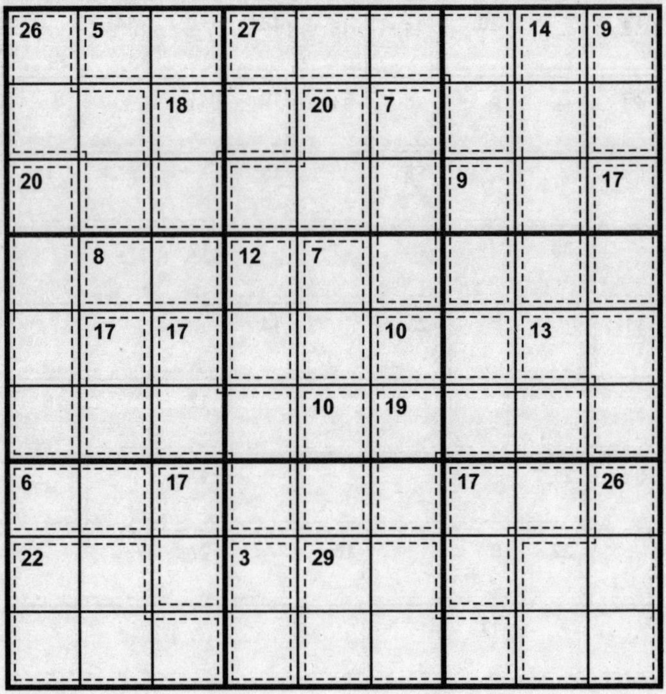

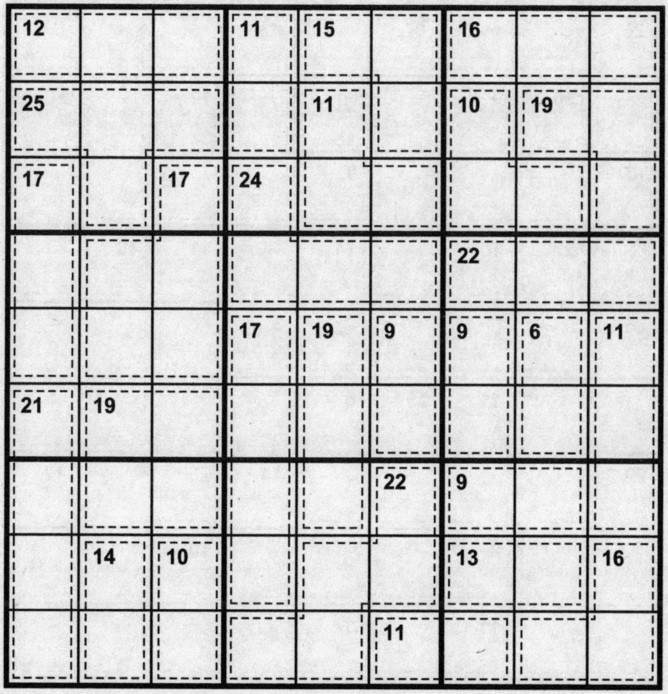
12 11 15 16
25 11 10 19
17 17 24
22
17 19 9 9 6 11
21 19
22 9
14 10 13 16
11

No. 83 Ultimate Killer Su Doku

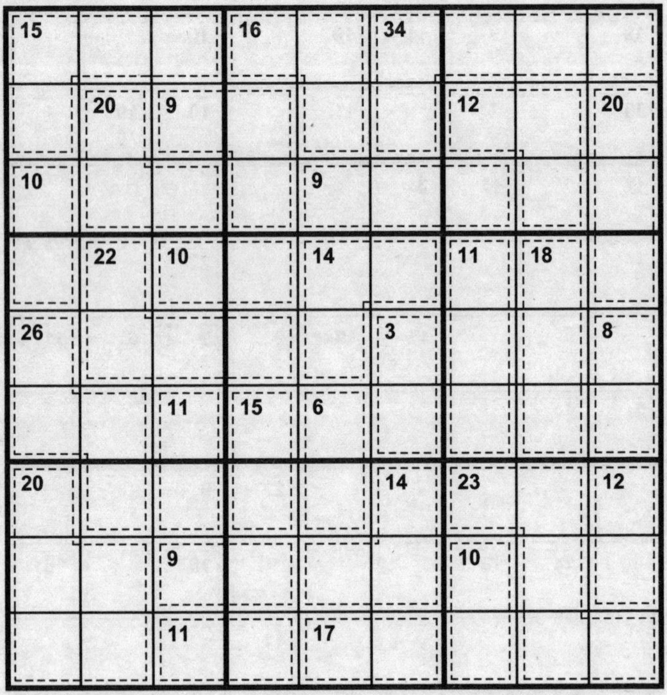

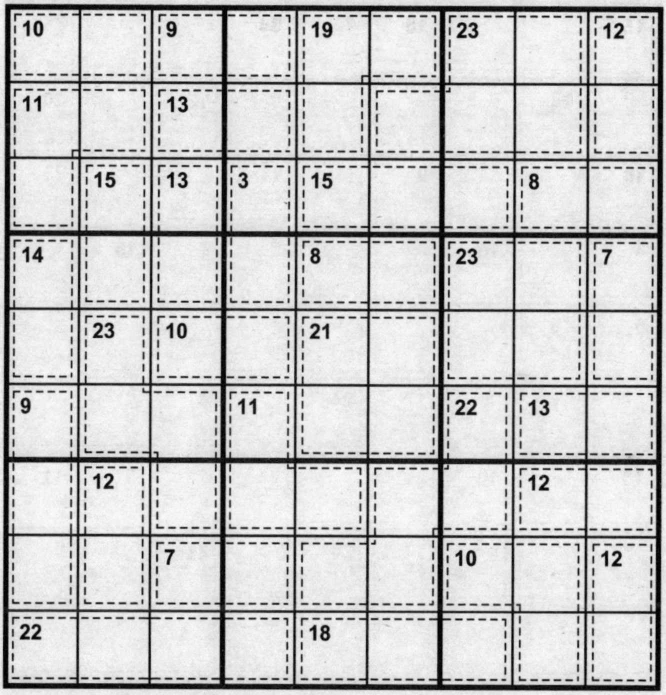
10
9
19
23
12
11
13
15
13
3
15
8
14
8
23
7
23
10
21
9
11
22
13
12
12
7
10
12
22
18

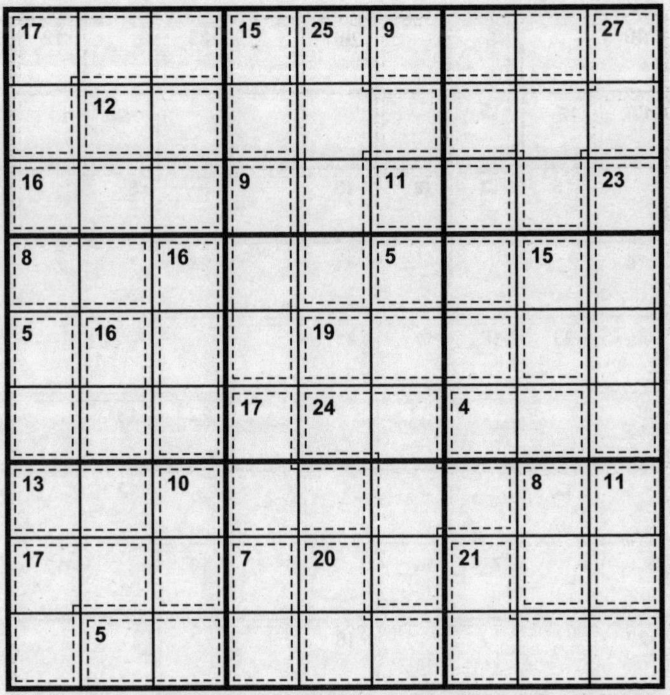
17
15
25
9
27
12
16
9
11
23
8
16
5
15
5
16
19
17
24
4
13
10
8
11
17
7
20
21
5

Ultimate Killer Su Doku *No. 86*

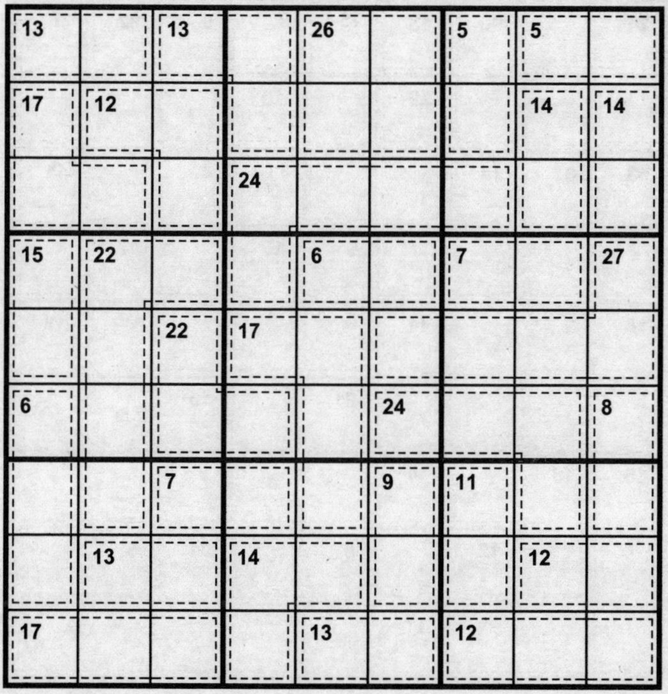

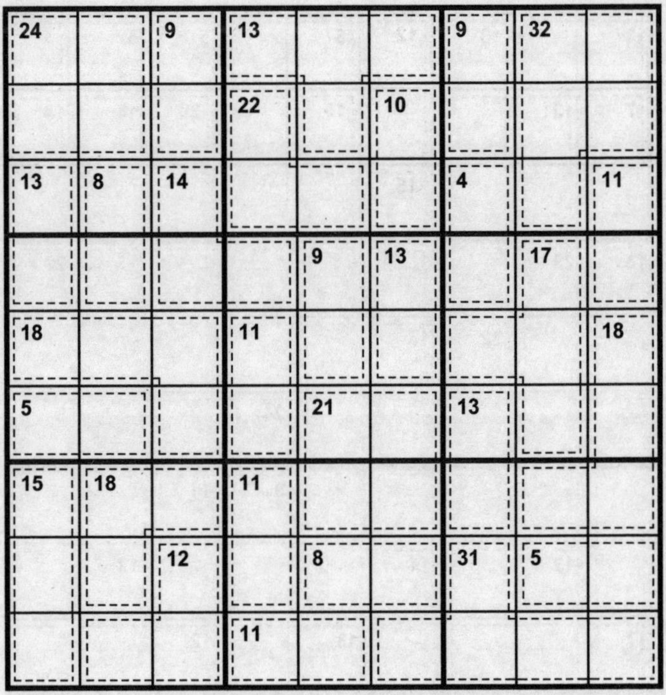
24
9
13
9
32
22
10
13
8
14
4
11
9
13
17
18
11
18
5
21
13
15
18
11
12
8
31
5
11

Ultimate Killer Su Doku *No. 88*

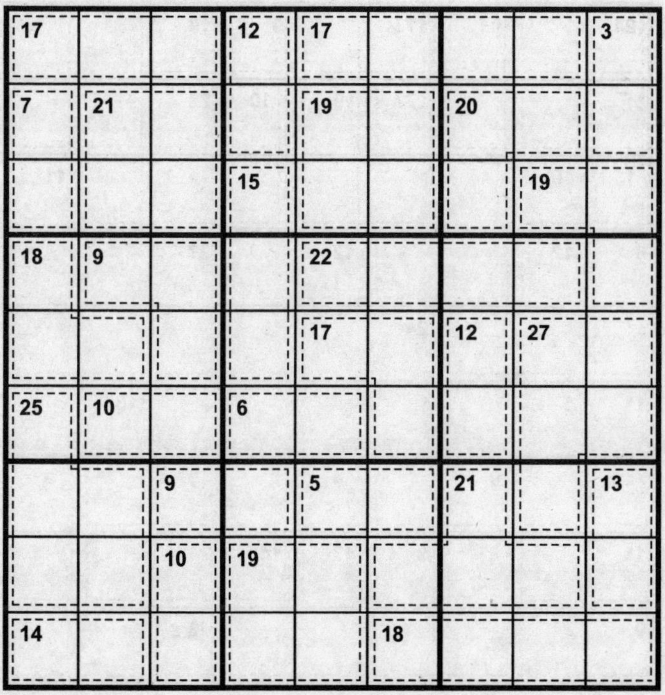

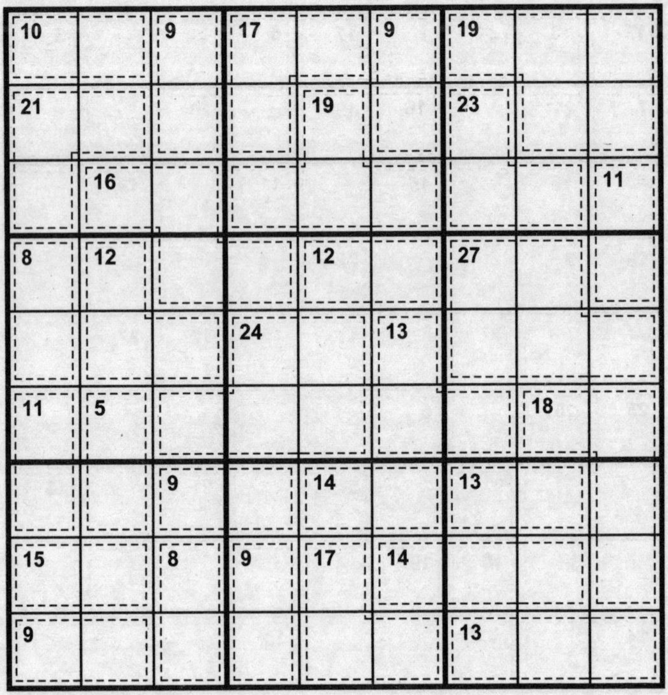
10 9 17 9 19
21 19 23
16 11
8 12 12 27
24 13
11 5 18
9 14 13
15 8 9 17 14
9 13

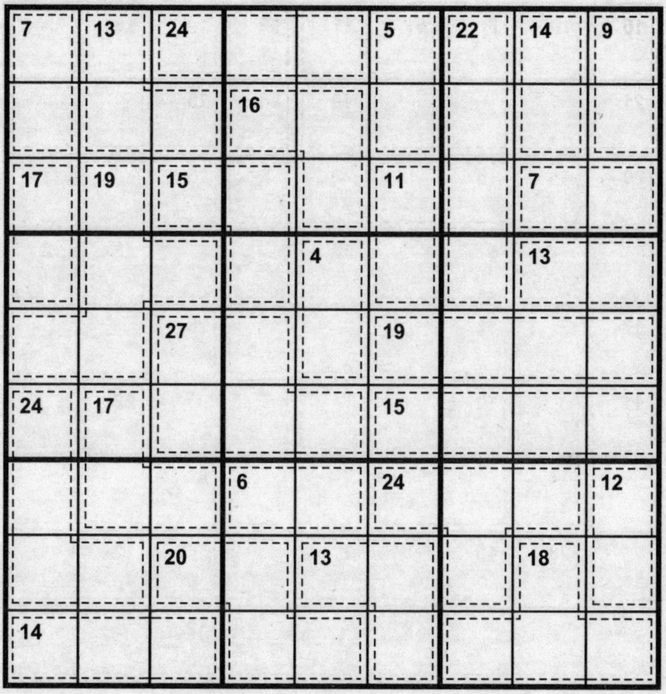
7
13
24
5
22
14
9
16
17
19
15
11
7
4
13
27
19
24
17
15
6
24
12
20
13
18
14

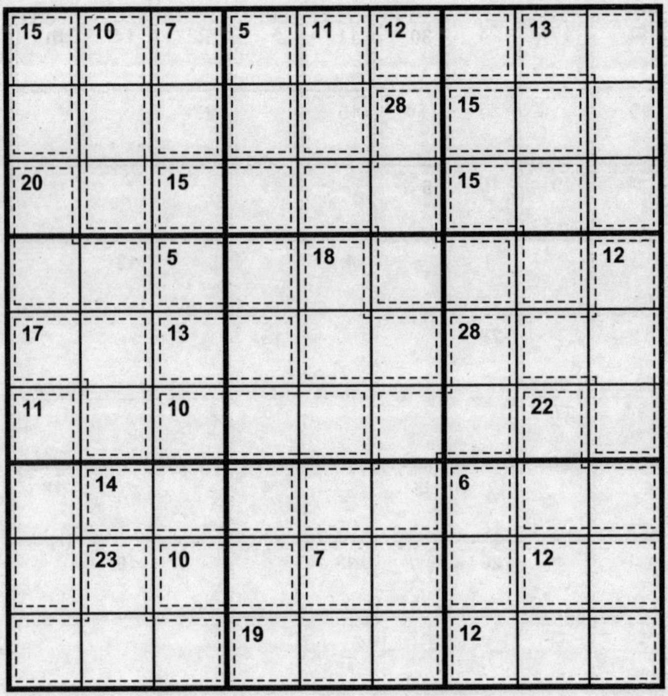
15
10
7
5
11
12
13
28
15
20
15
15
5
18
12
17
13
28
11
10
22
14
6
23
10
7
12
19
12

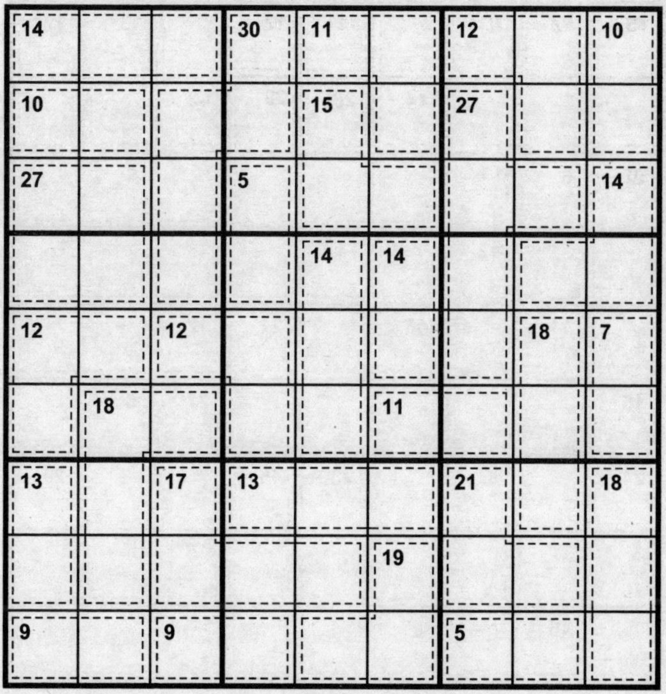

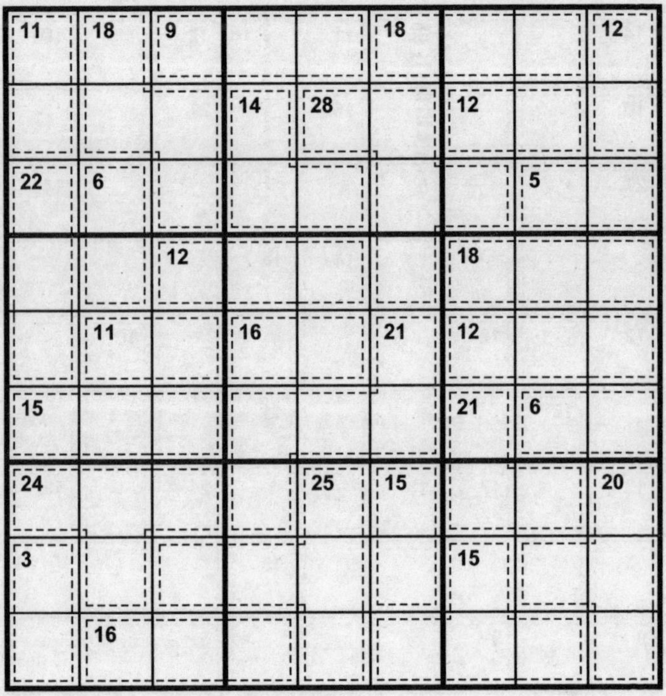
11 18 9 18 12
14 28 12
22 6 5
12 18
11 16 21 12
15 21 6
24 25 15 20
3 15
16

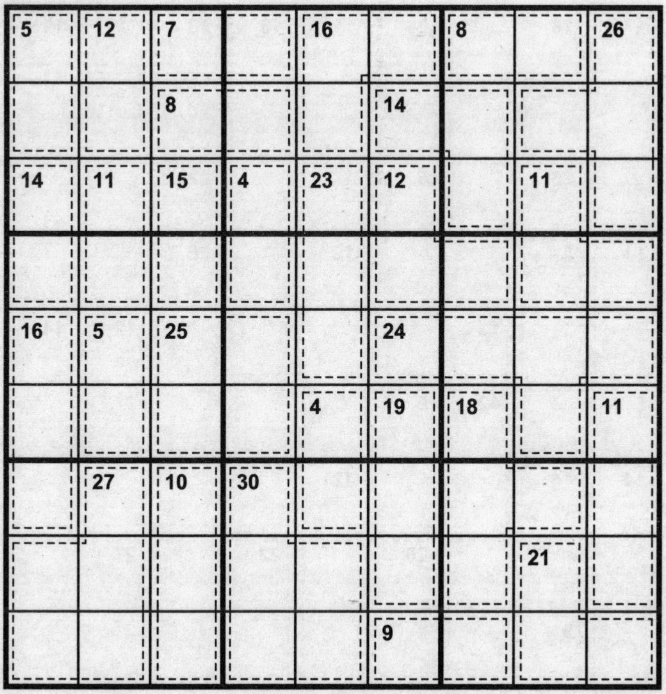
5
12
7
16
8
26
8
14
14
11
15
4
23
12
11
16
5
25
24
4
19
18
11
27
10
30
21
9

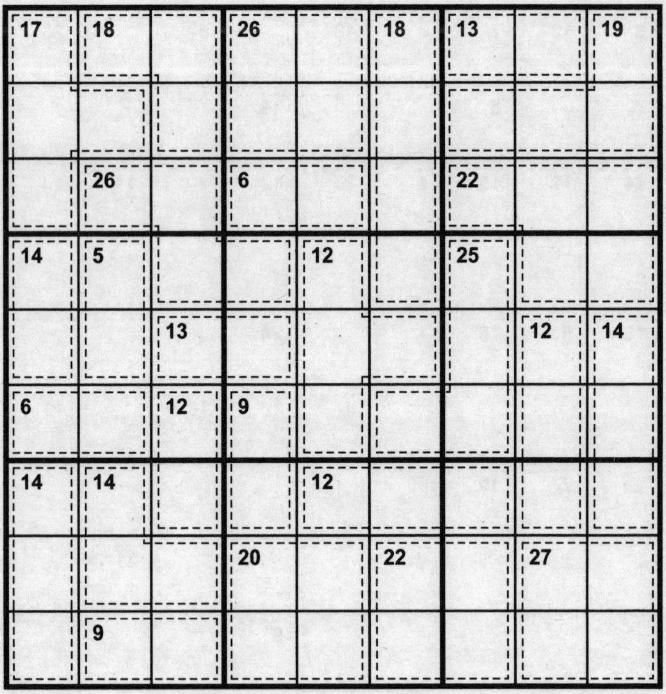
17
18
26
18
13
19
26
6
22
14
5
12
25
13
12
14
6
12
9
14
14
12
20
22
27
9

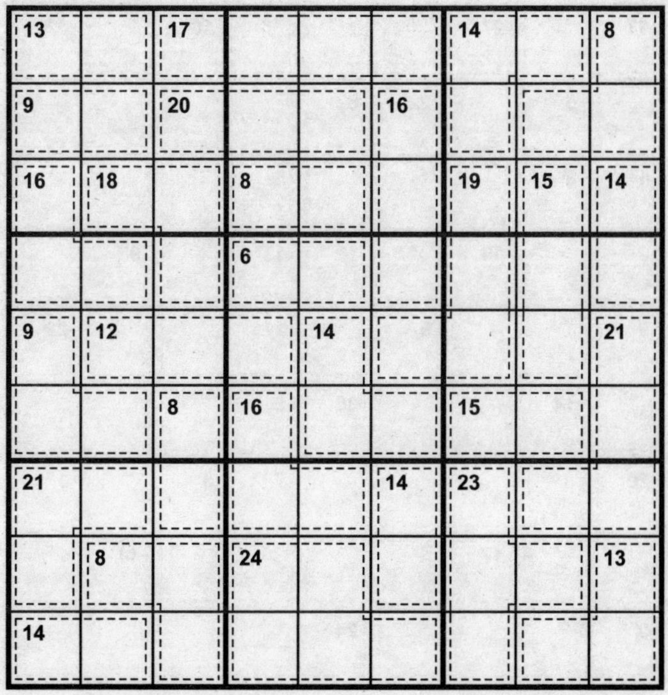
13
17
14
8
9
20
16
16
18
8
19
15
14
6
9
12
14
21
8
16
15
21
14
23
8
24
13
14

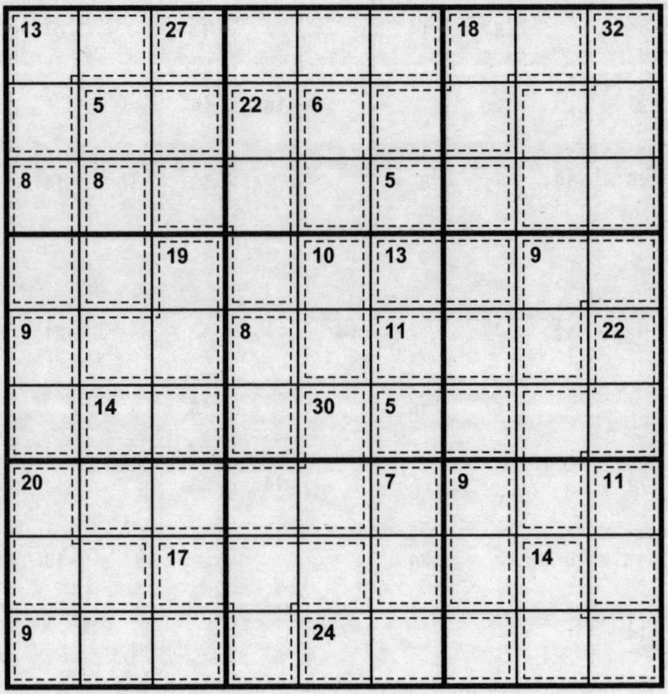
13 27 18 32
5 22 6
8 8 5
19 10 13 9
9 8 11 22
14 30 5
20 7 9 11
17 14
9 24

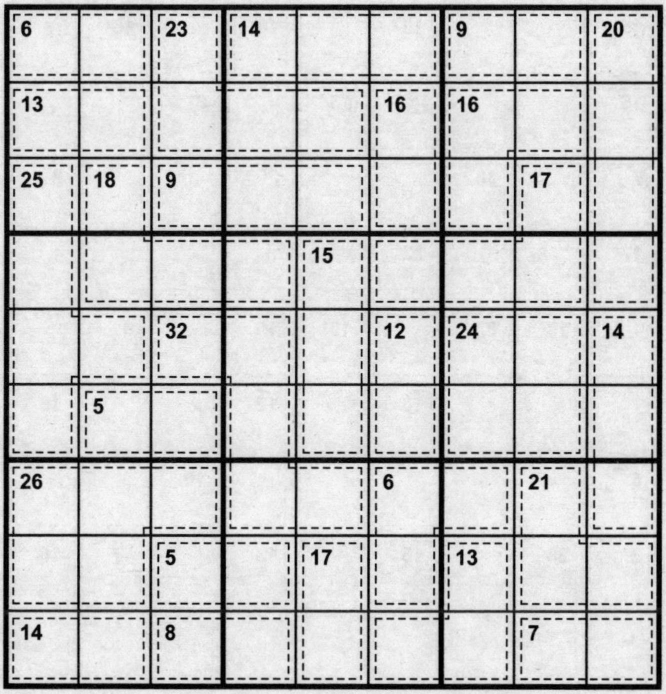
6
23
14
9
20
13
16
16
25
18
9
17
15
32
12
24
14
5
26
6
21
5
17
13
14
8
7

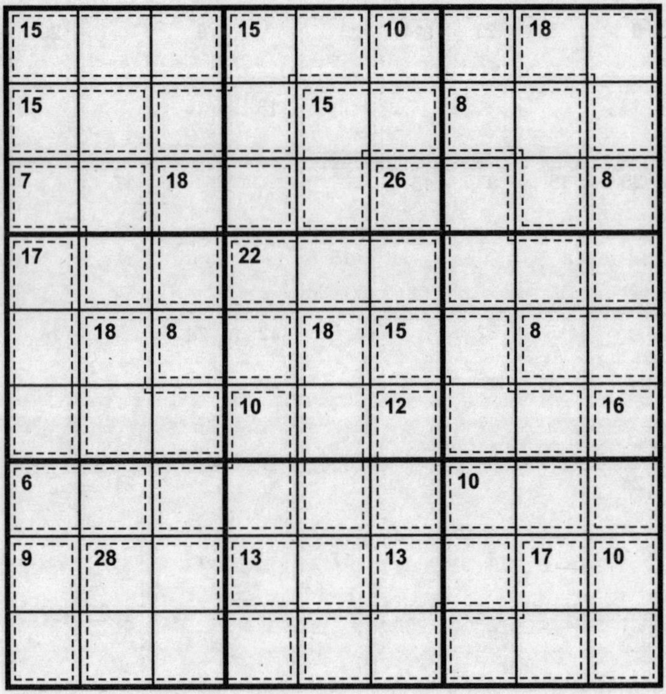
15 15 10 18
15 15 8
7 18 26 8
17 22
18 8 18 15 8
10 12 16
6 10
9 28 13 13 17 10

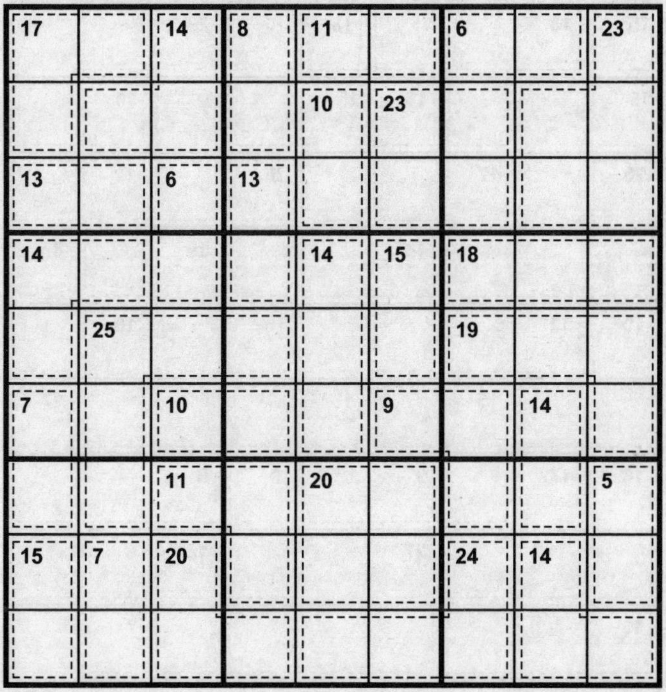
17 14 8 11 6 23
10 23
13 6 13
14 14 15 18
25 19
7 10 9 14
11 20 5
15 7 20 24 14

No. 101 Ultimate Killer Su Doku

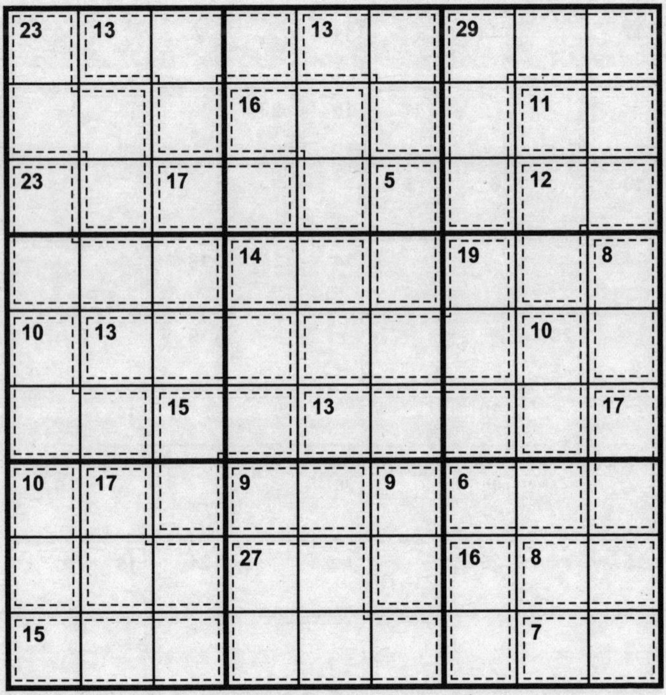

10		13			22	9	27	
18			17					
7	10							7
	19	13		15			22	
		7		13				20
13	6		3		22			
	13						10	
3	11	15		27		11		
		12					10	

No. 103 Ultimate Killer Su Doku

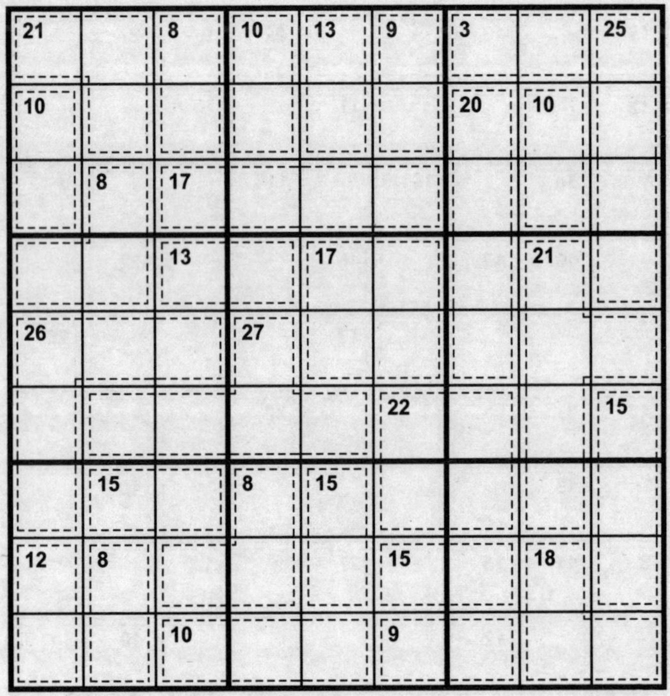

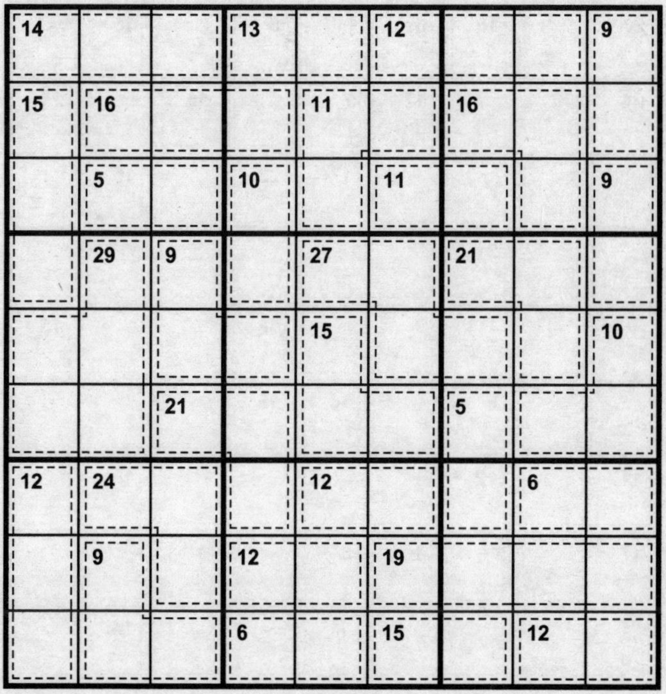
14
13
12
9
15
16
11
16
5
10
11
9
29
9
27
21
15
10
21
5
12
24
12
6
9
12
19
6
15
12

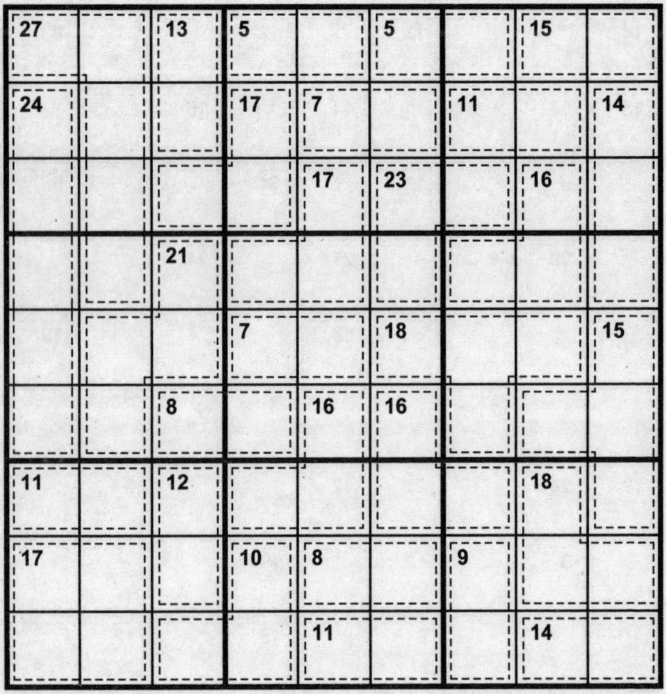
27
13
5
5
15
24
17
7
11
14
17
23
16
21
7
18
15
8
16
16
11
12
18
17
10
8
9
11
14

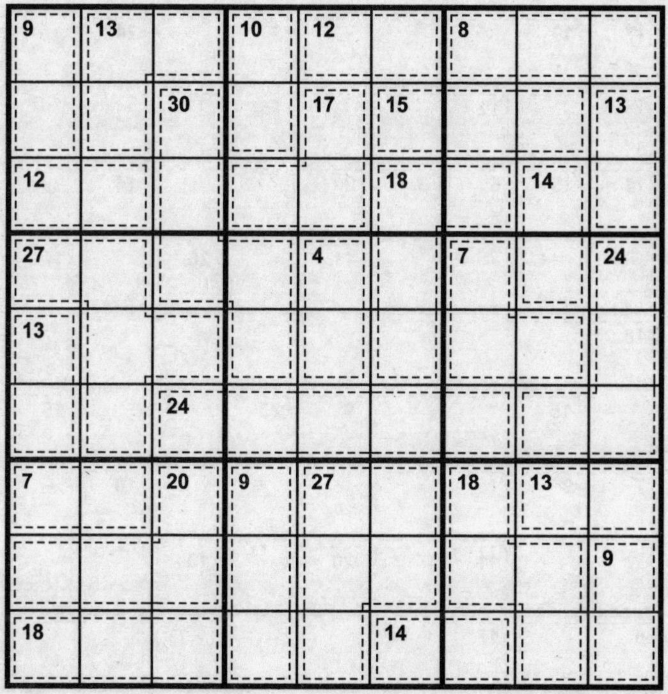
9
13
10
12
8
30
17
15
13
12
18
14
27
4
7
24
13
24
7
20
9
27
18
13
9
18
14

No. 107 Ultimate Killer Su Doku

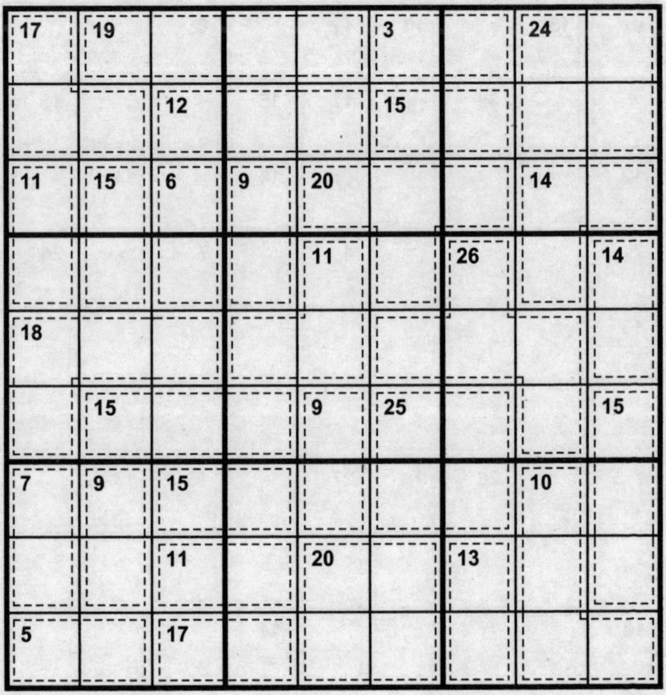

Ultimate Killer Su Doku *No. 108*

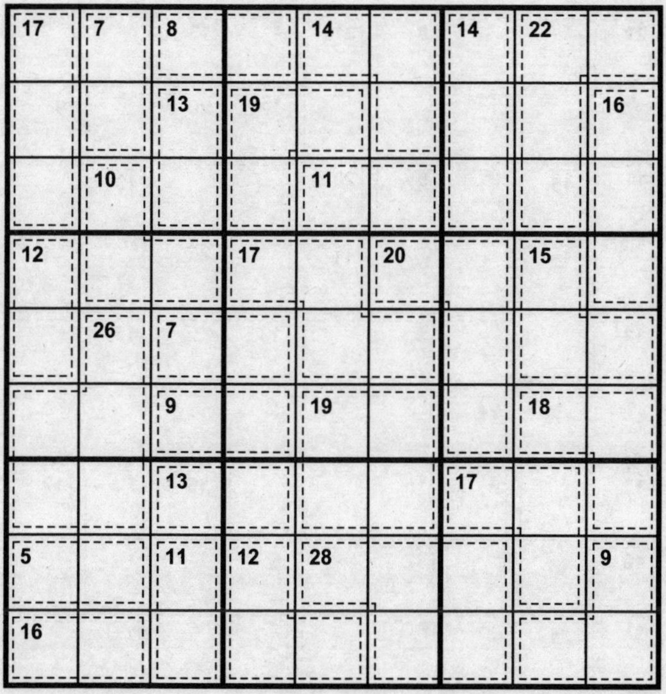

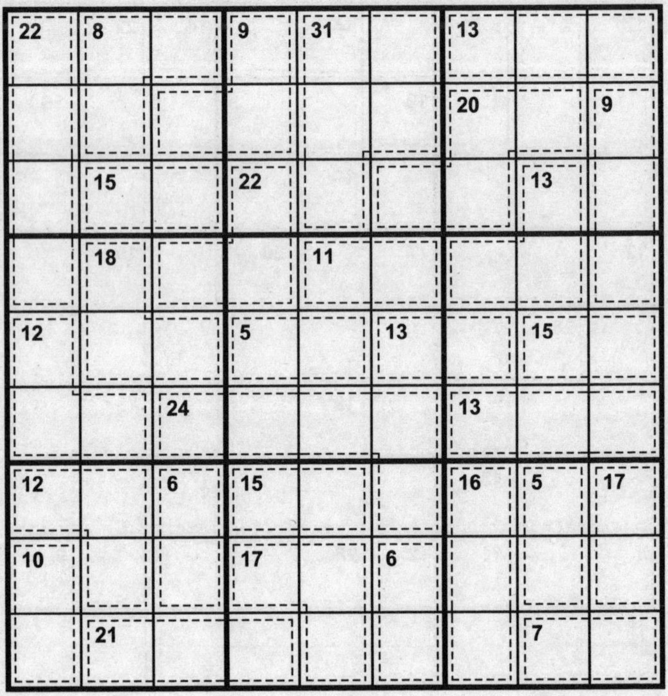
22 8 9 31 13
20 9
15 22 13
18 11
12 5 13 15
24 13
12 6 15 16 5 17
10 17 6
21 7

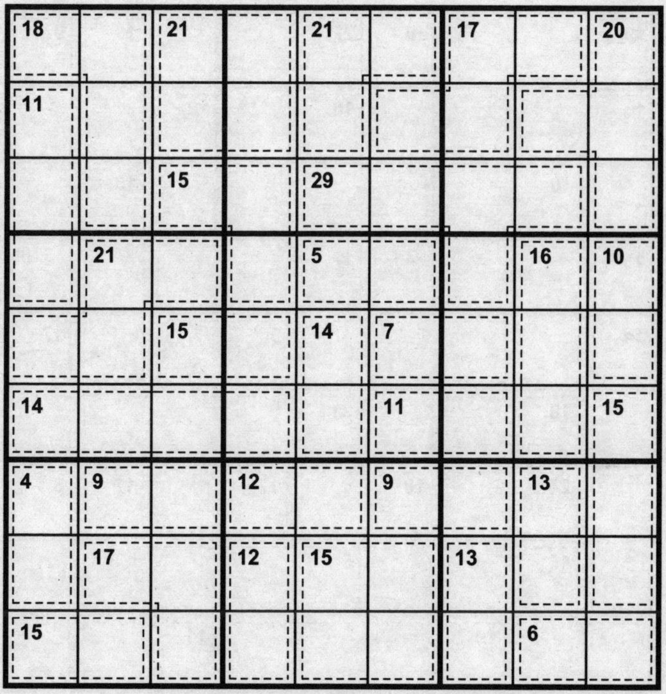
18
21
21
17
20
11
15
29
21
5
16
10
15
14
7
14
11
15
4
9
12
9
13
17
12
15
13
15
6

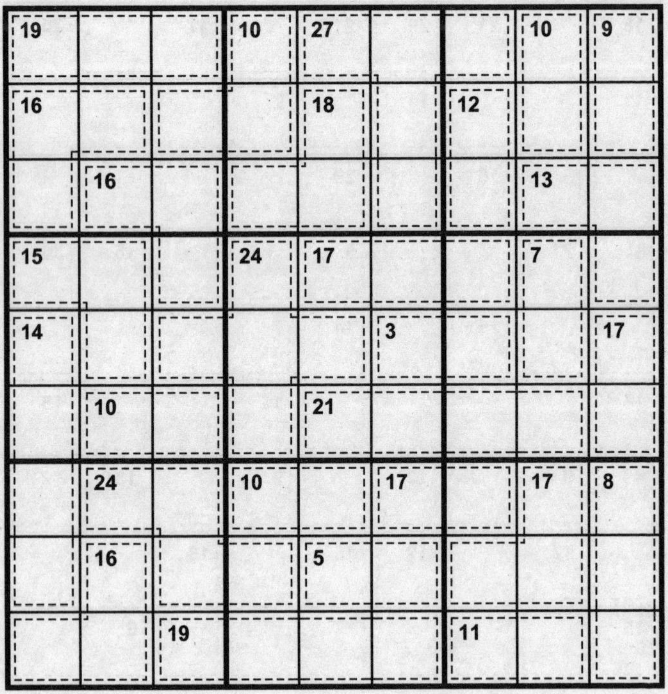
19
10
27
10
9
16
18
12
16
13
15
24
17
7
14
3
17
10
21
24
10
17
17
8
16
5
19
11

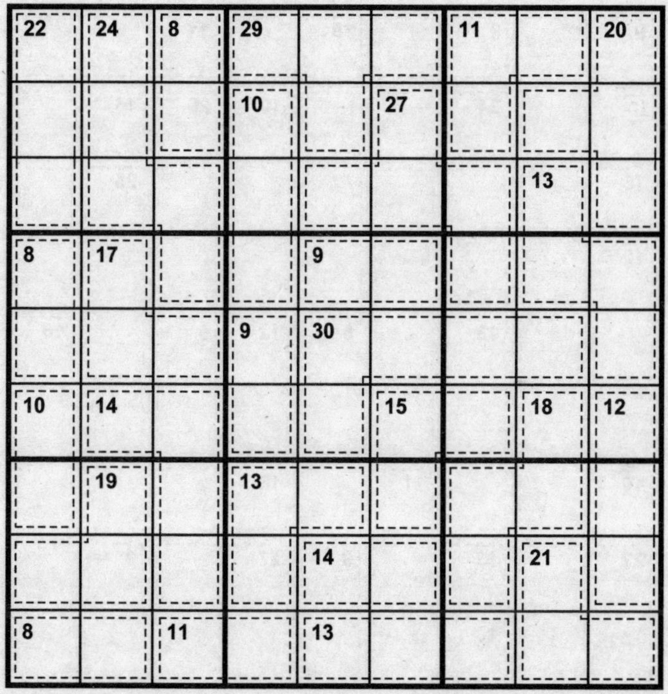
22 24 8 29 11 20
10 27
13
8 17 9
9 30
10 14 15 18 12
19 13
14 21
8 11 13

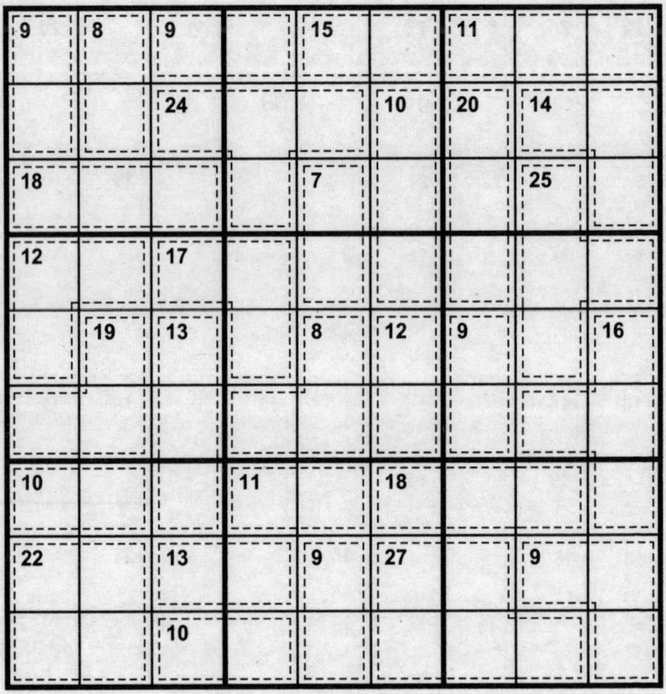
9
8
9
15
11
24
10
20
14
18
7
25
12
17
19
13
8
12
9
16
10
11
18
22
13
9
27
9
10

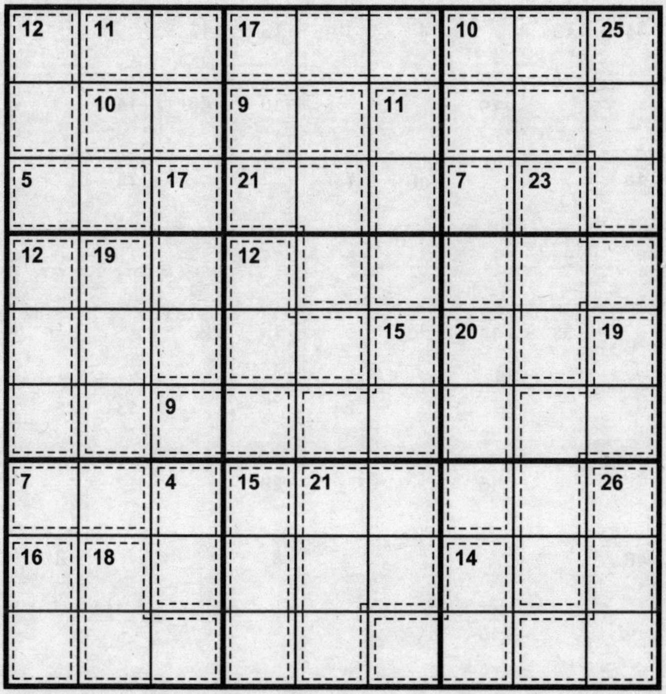
12
11
17
10
25
10
9
11
5
17
21
7
23
12
19
12
15
20
19
9
7
4
15
21
26
16
18
14

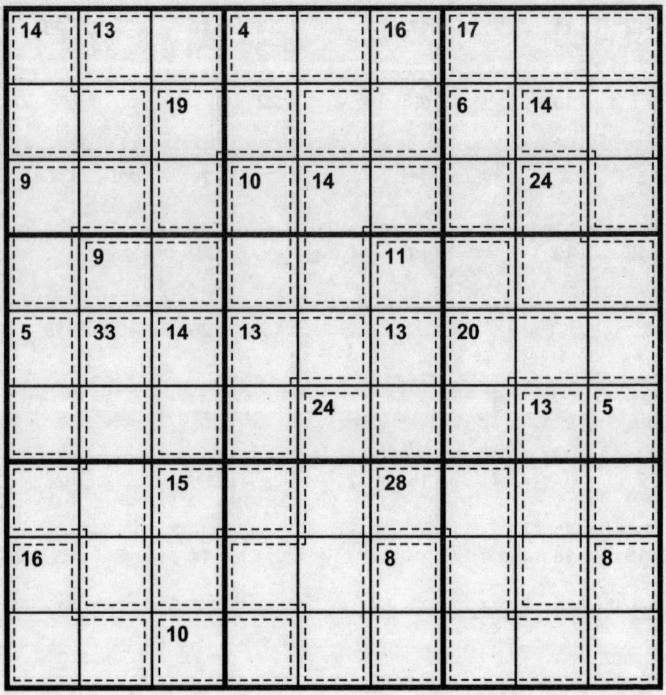
14
13
4
16
17
19
6
14
9
10
14
24
9
11
5
33
14
13
13
20
24
13
5
15
28
16
8
8
10

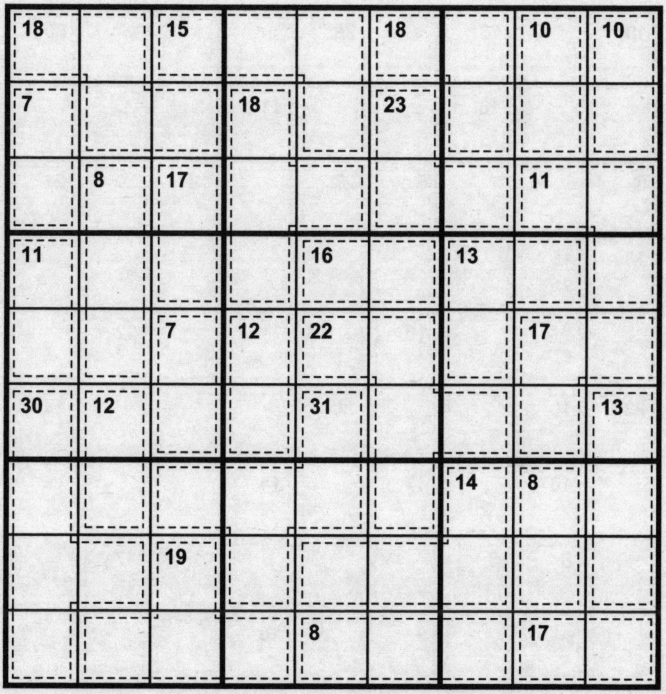
18
15
18
10
10
7
18
23
8
17
11
11
16
13
7
12
22
17
30
12
31
13
14
8
19
8
17

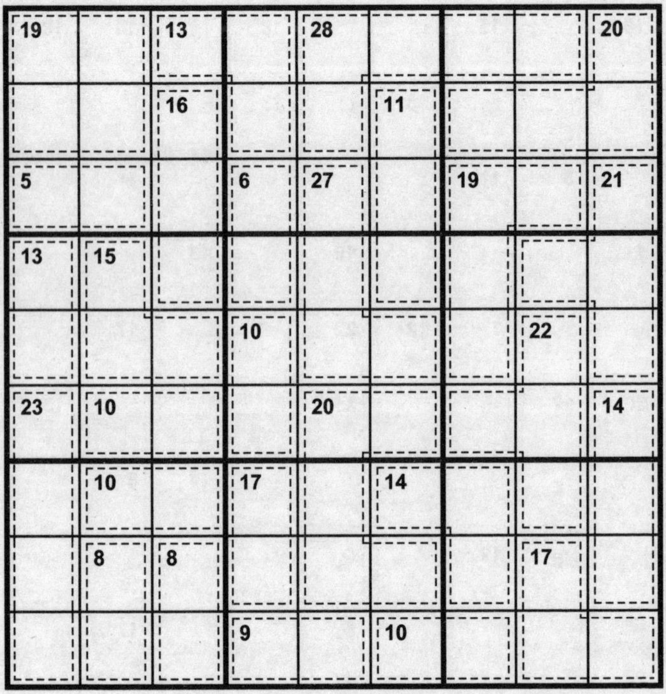
19
13
28
20
16
11
5
6
27
19
21
13
15
10
22
23
10
20
14
10
17
14
8
8
17
9
10

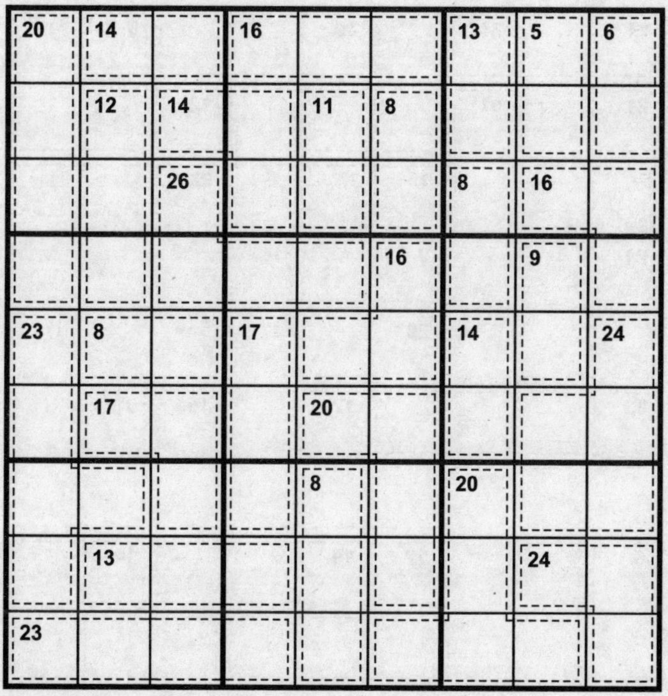
20 14 16 13 5 6
12 14 11 8
26 8 16
16 9
23 8 17 14 24
17 20
8 20
13 24
23

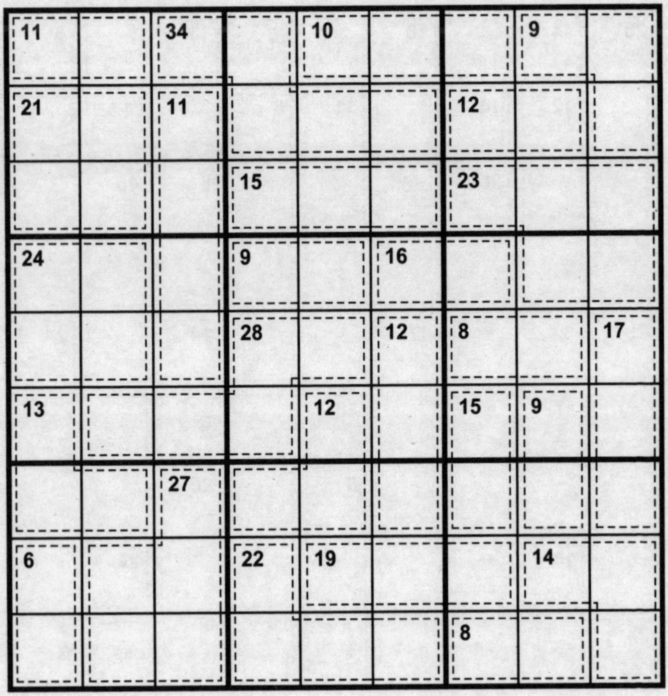
11
34
10
9
21
11
12
15
23
24
9
16
28
12
8
17
13
12
15
9
27
6
22
19
14
8

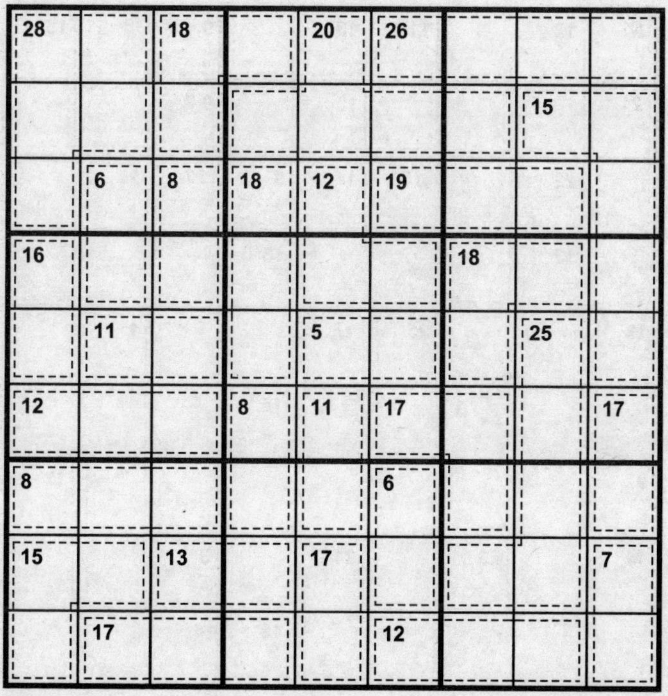
28
18
20
26
15
6
8
18
12
19
16
18
11
5
25
12
8
11
17
17
8
6
15
13
17
7
17
12

No. 121 Ultimate Killer Su Doku

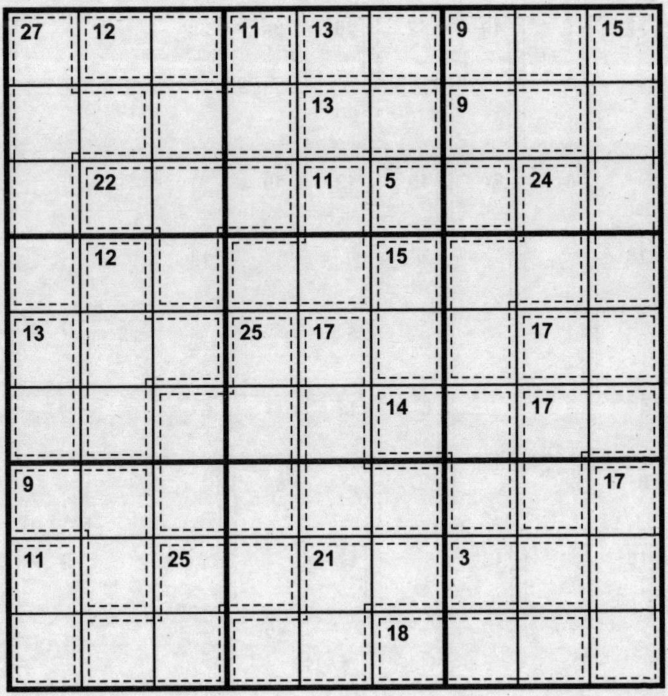

No. 122

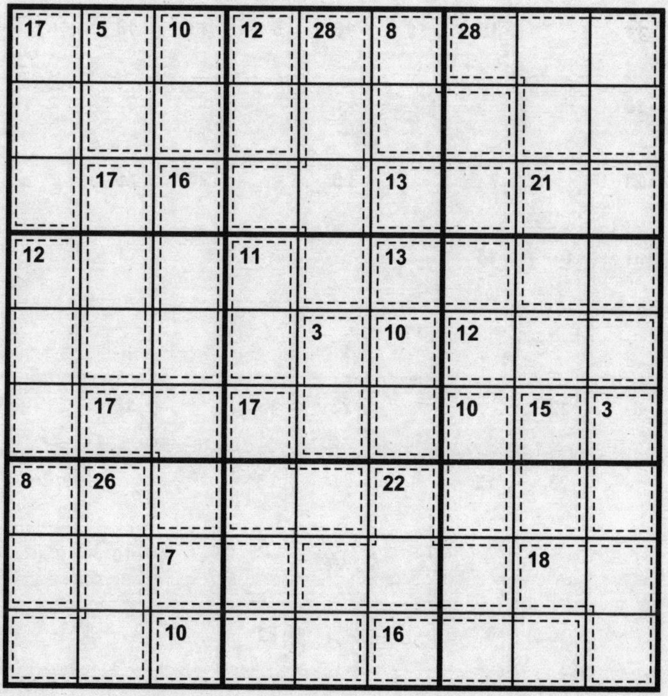
17
5
10
12
28
8
28
17
16
13
21
12
11
13
3
10
12
17
17
10
15
3
8
26
22
7
18
10
16

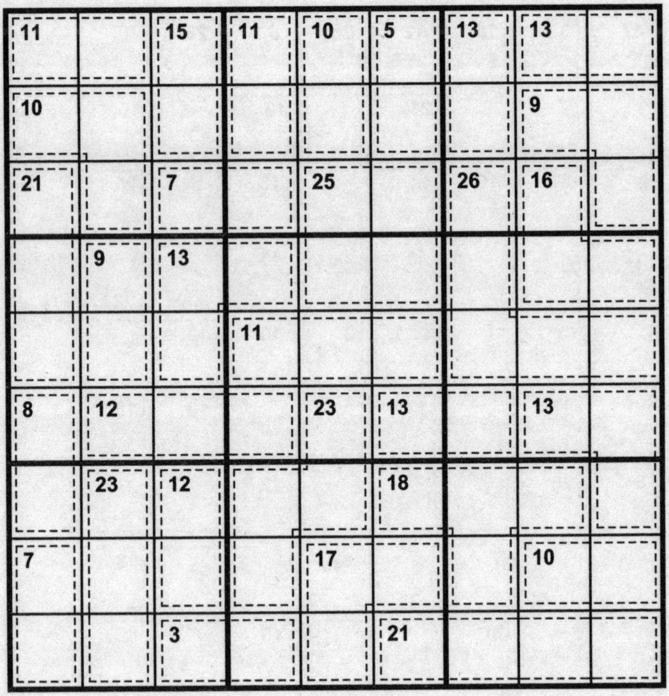
11 15 11 10 5 13 13
10 9
21 7 25 26 16
9 13
11
8 12 23 13 13
23 12 18
7 17 10
3 21

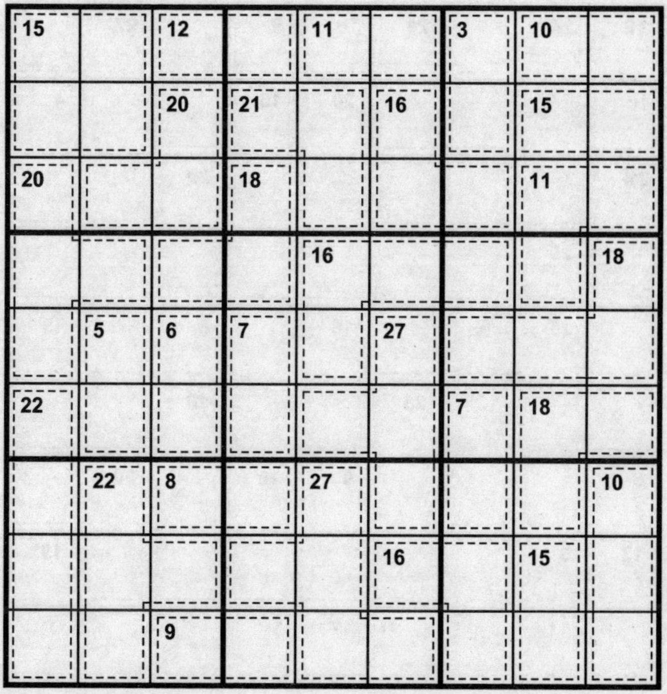
15 12 11 3 10
20 21 16 15
20 18 11
16 18
5 6 7 27
22 7 18
22 8 27 10
16 15
9

No. 125

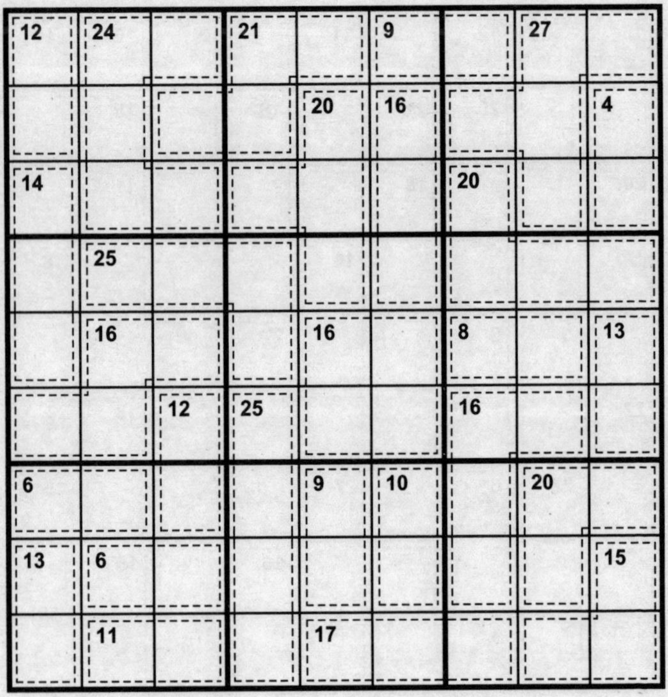

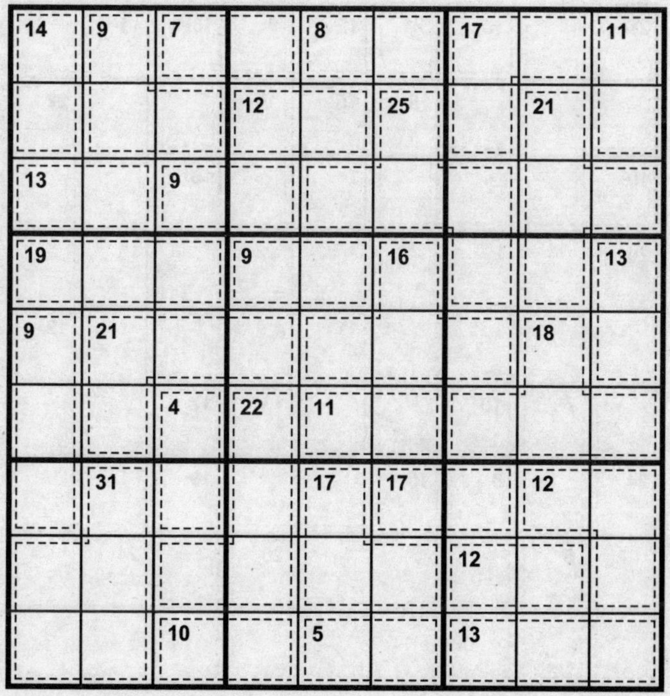
14 9 7 8 17 11
12 25 21
13 9
19 9 16 13
9 21 18
4 22 11
31 17 17 12
12
10 5 13

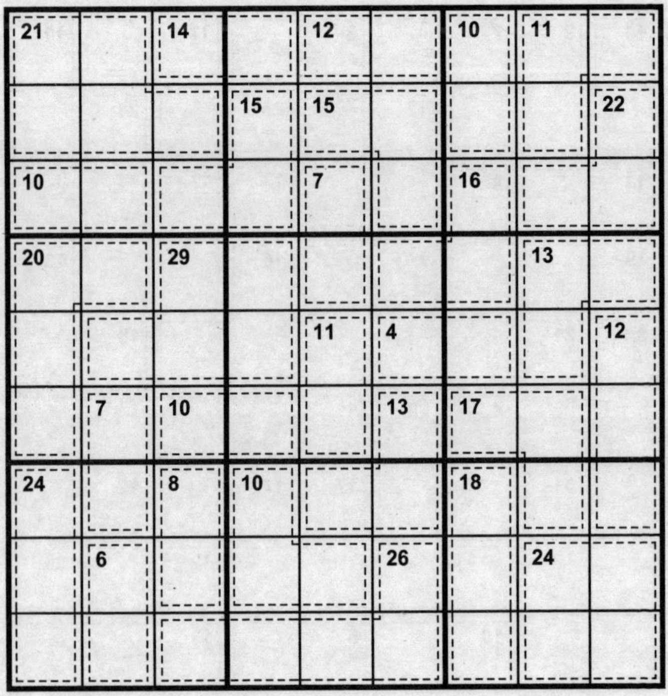
21
14
12
10
11
15
15
22
10
7
16
20
29
13
11
4
12
7
10
13
17
24
8
10
18
6
26
24

Ultimate Killer Su Doku *No. 128*

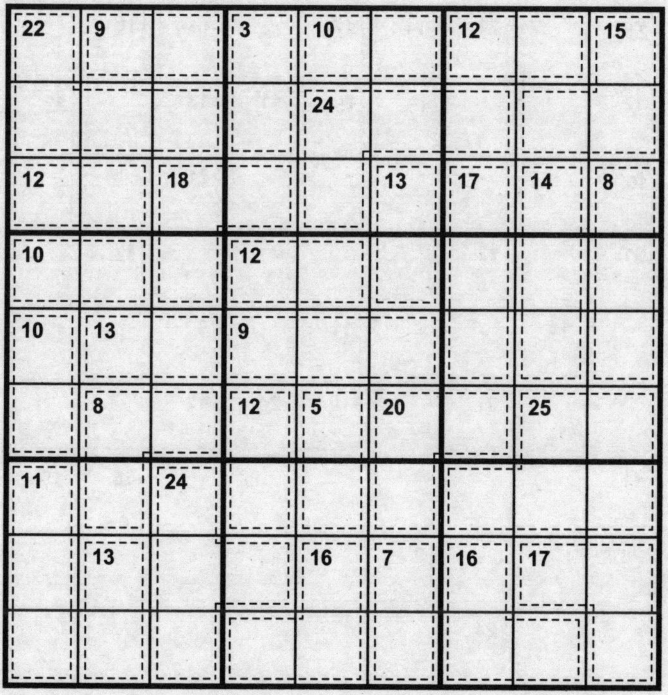

No. 129 Ultimate Killer Su Doku

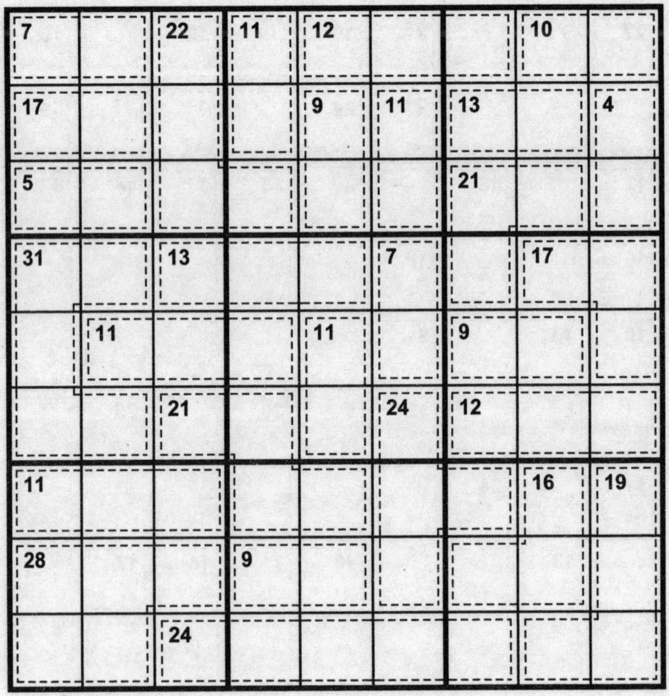

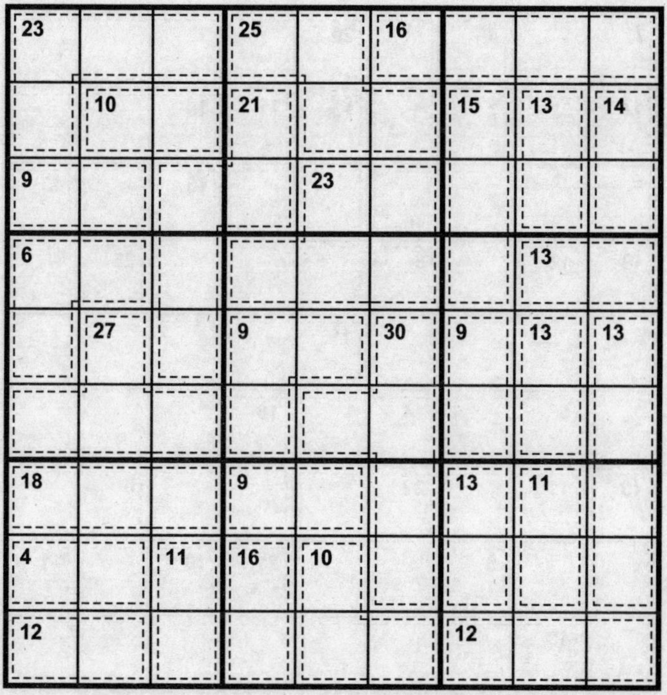
23
25
16
10
21
15
13
14
9
23
6
13
27
9
30
9
13
13
18
9
13
11
4
11
16
10
12
12

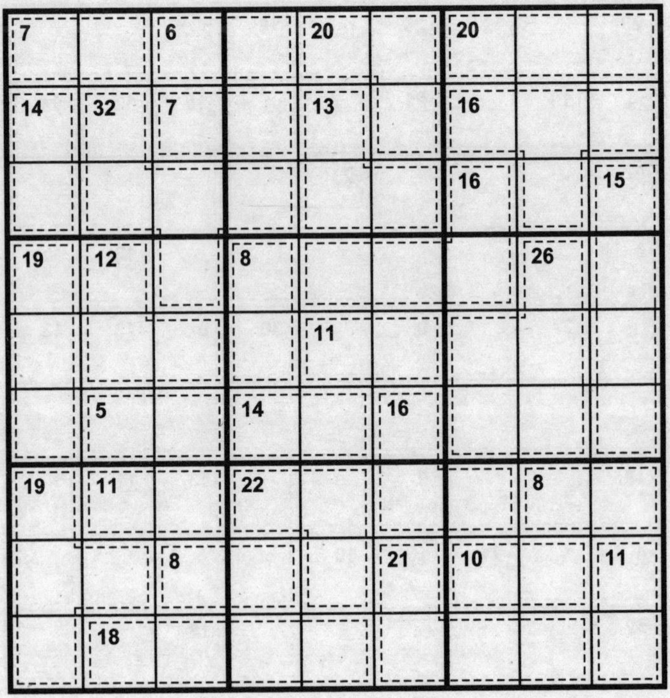
7
6
20
20
14
32
7
13
16
16
15
19
12
8
26
11
5
14
16
19
11
22
8
8
21
10
11
18

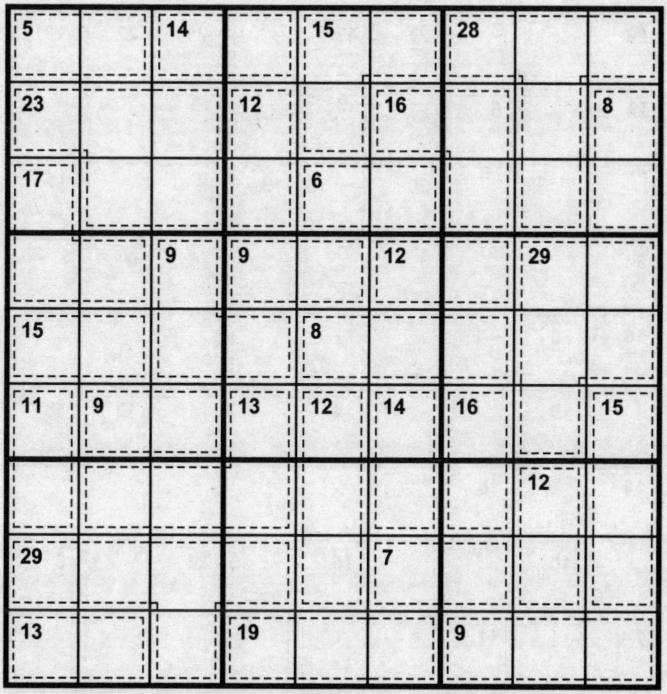
5
14
15
28
23
12
16
8
17
6
9
9
12
29
15
8
11
9
13
12
14
16
15
12
29
7
13
19
9

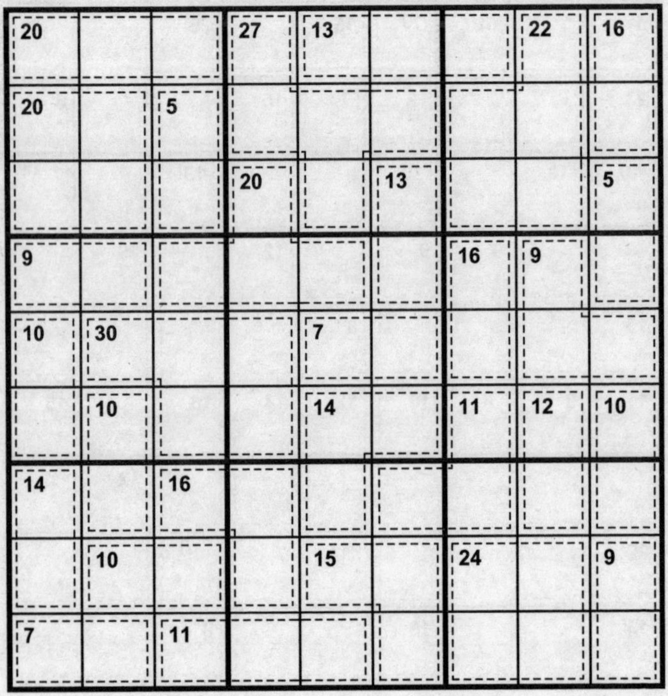
20 27 13 22 16
20 5
20 13 5
9 16 9
10 30 7
10 14 11 12 10
14 16
10 15 24 9
7 11

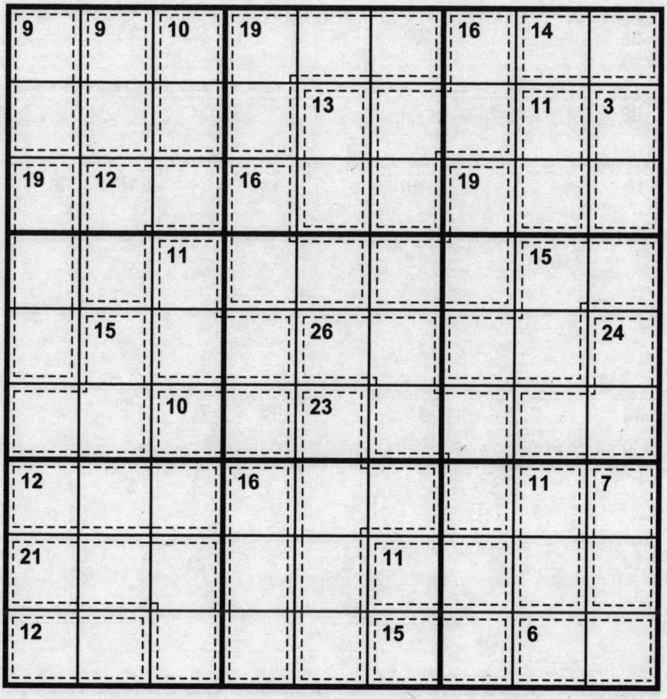
9 9 10 19 16 14
13 11 3
19 12 16 19
11 15
15 26 24
10 23
12 16 11 7
21 11
12 15 6

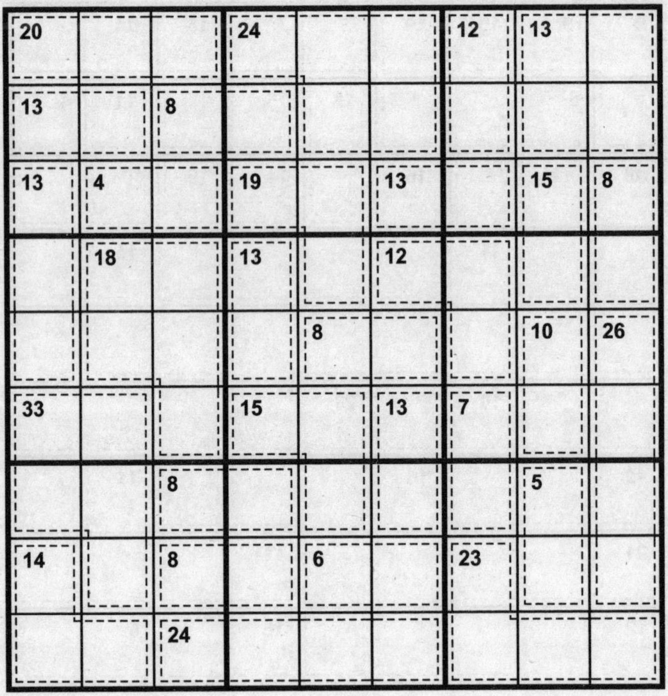
20 24 12 13
13 8
13 4 19 13 15 8
18 13 12
8 10 26
33 15 13 7
8 5
14 8 6 23
24

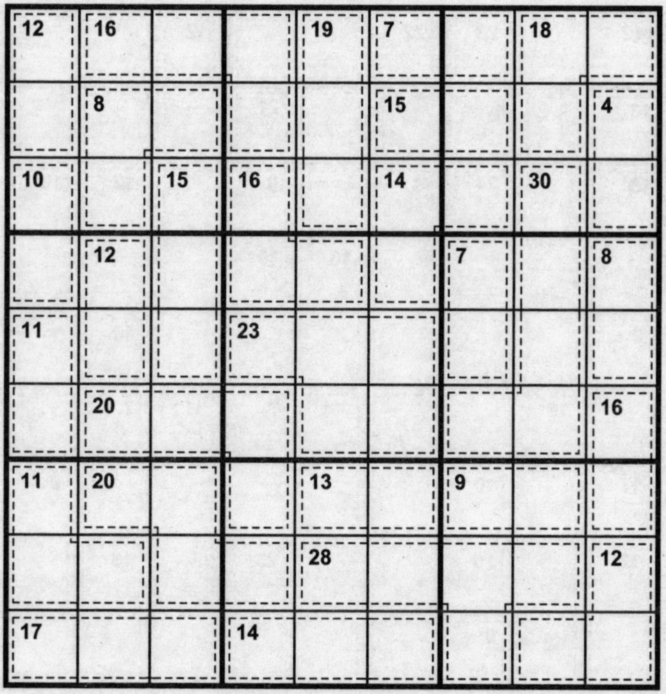
12
16
19
7
18
8
15
4
10
15
16
14
30
12
7
8
11
23
20
16
11
20
13
9
28
12
17
14

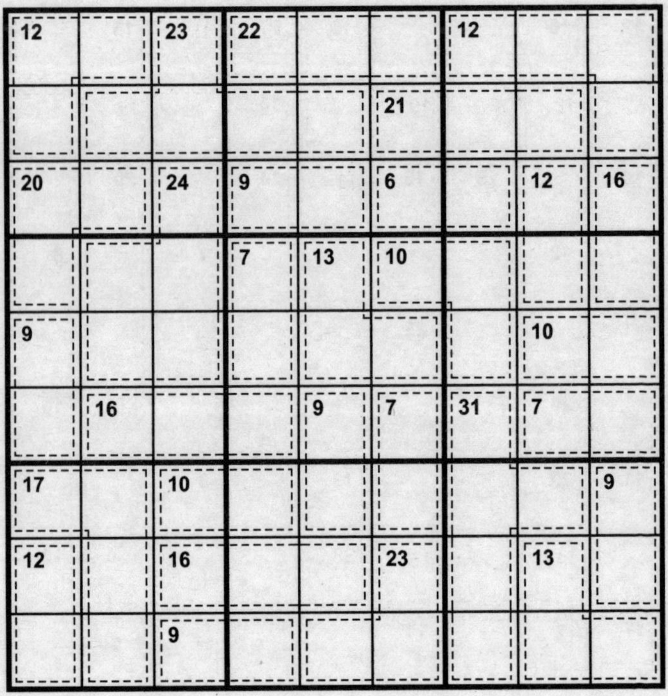
12 23 22 12
21
20 24 9 6 12 16
7 13 10
9 10
16 9 7 31 7
17 10 9
12 16 23 13
9

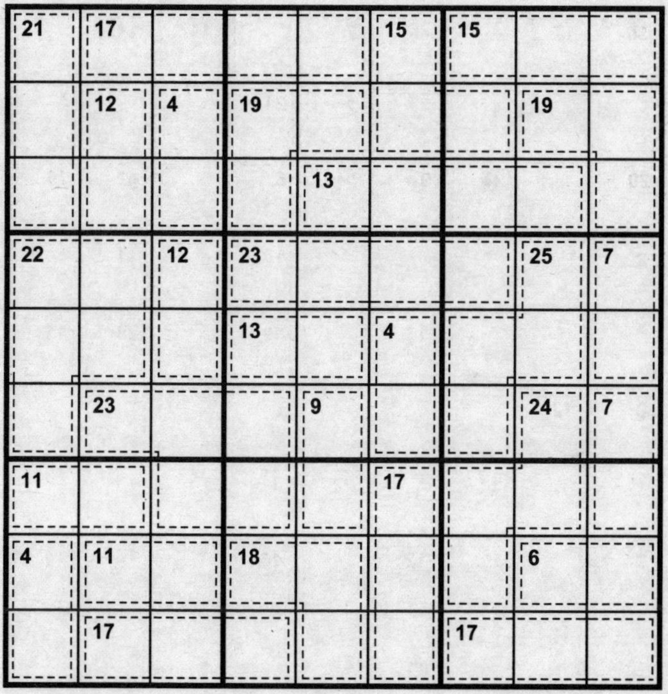
21
17
15
15
12
4
19
19
13
22
12
23
25
7
13
4
23
9
24
7
11
17
4
11
18
6
17
17

No. 139

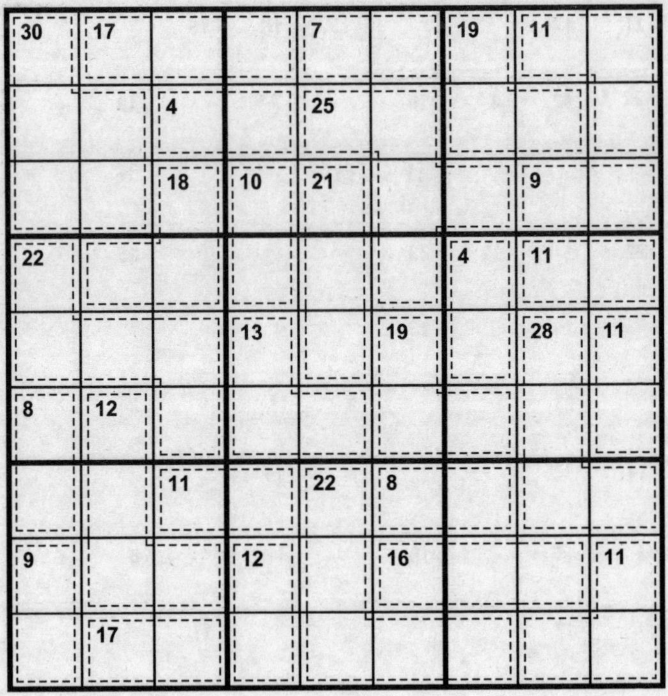

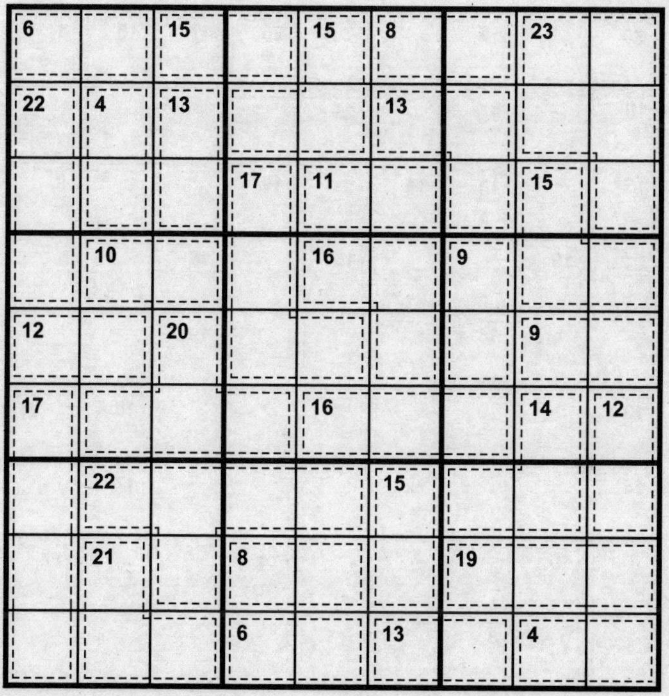
6
15
15
8
23
22
4
13
13
17
11
15
10
16
9
12
20
9
17
16
14
12
22
15
21
8
19
6
13
4

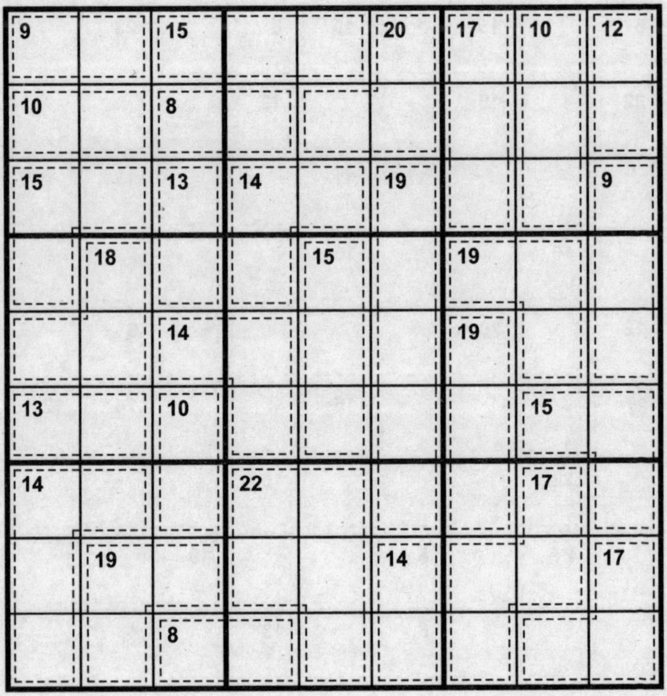
9
15
20
17
10
12
10
8
15
13
14
19
9
18
15
19
14
19
13
10
15
14
22
17
19
14
17
8

Ultimate Killer Su Doku *No. 142*

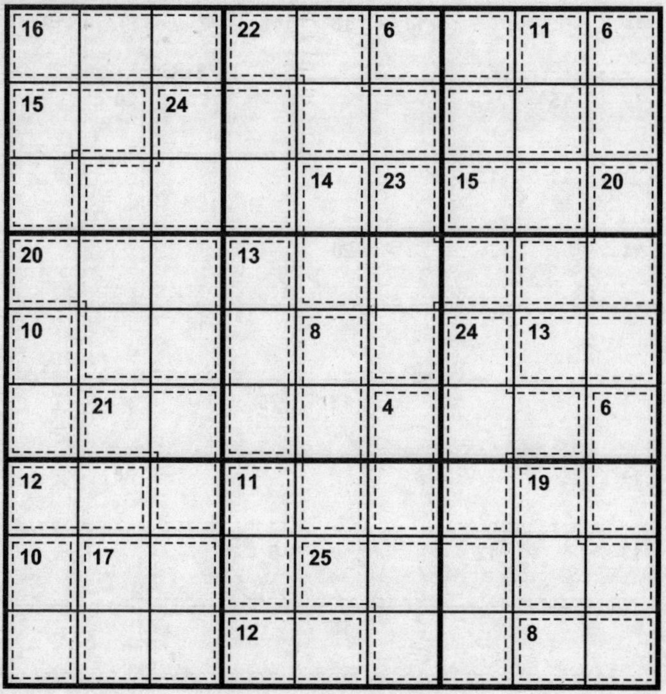

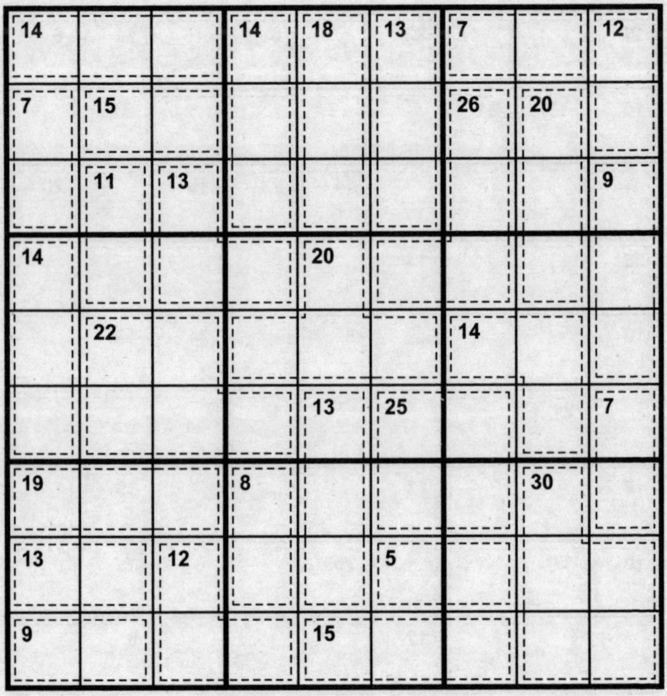
14
14
18
13
7
12
7
15
26
20
11
13
9
14
20
22
14
13
25
7
19
8
30
13
12
5
9
15

Ultimate Killer Su Doku *No. 144*

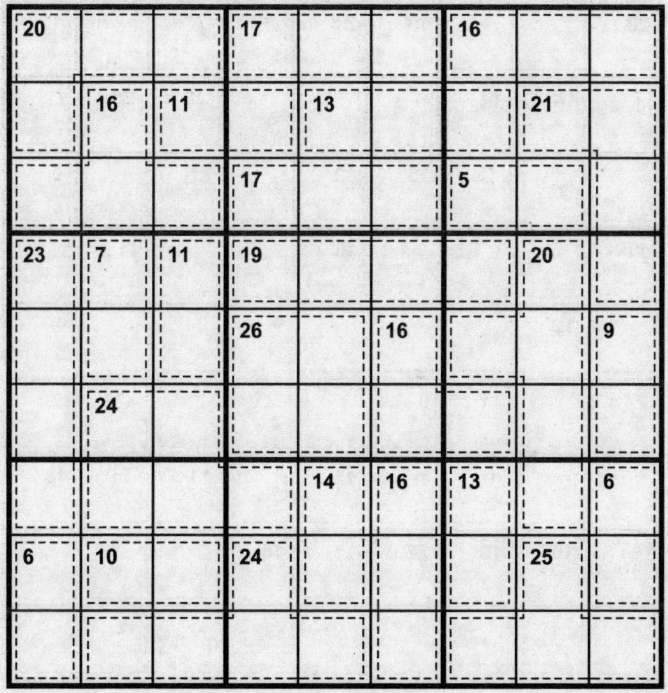

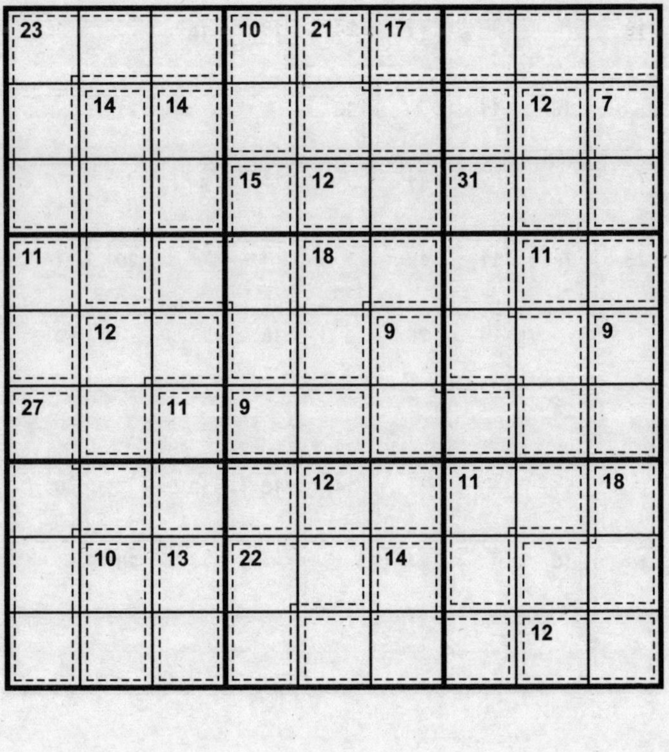
23
10
21
17
14
14
12
7
15
12
31
11
18
11
12
9
9
27
11
9
12
11
18
10
13
22
14
12

No. 146

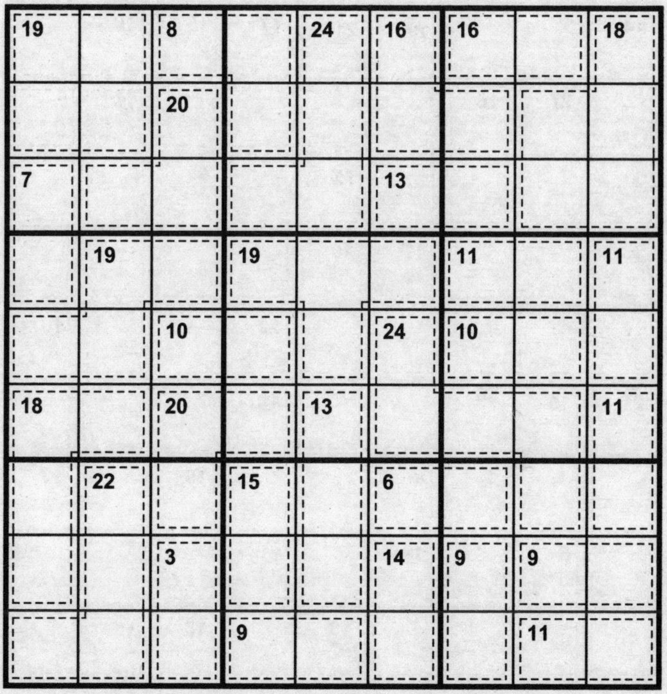
19
8
24
16
16
18
20
7
13
19
19
11
11
10
24
10
18
20
13
11
22
15
6
3
14
9
9
9
11

No. 147 Ultimate Killer Su Doku

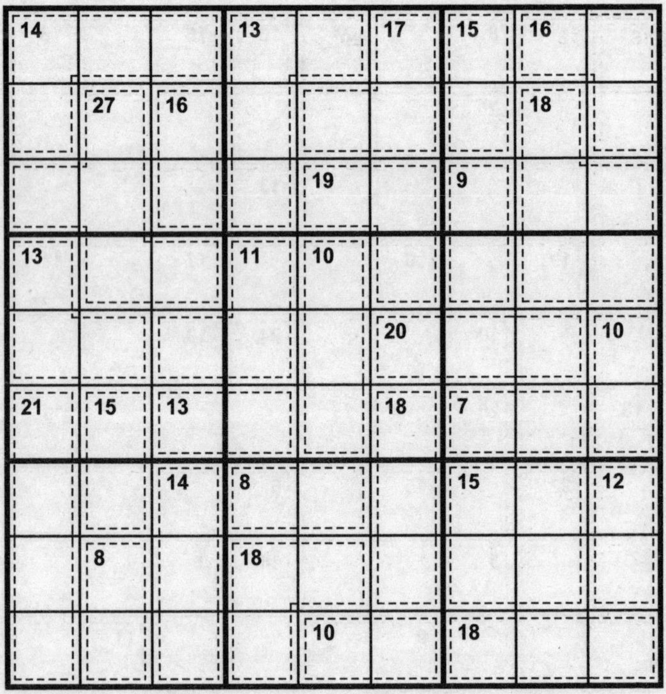

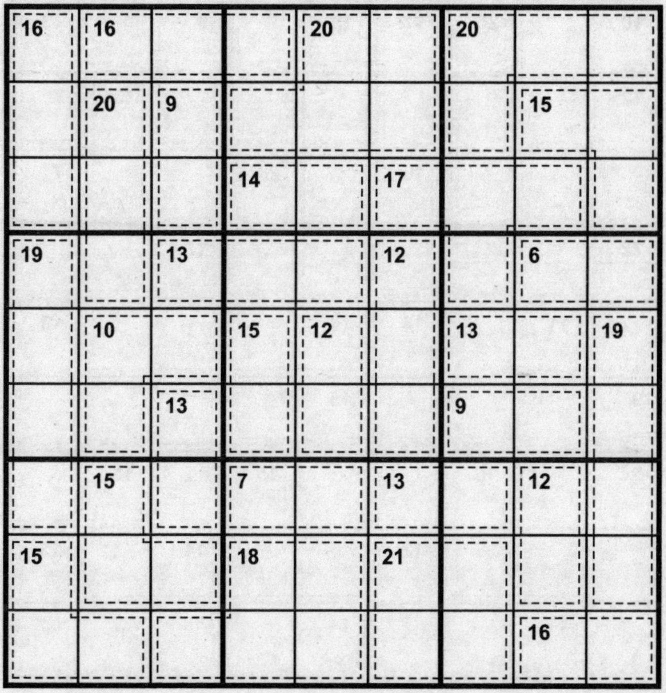
16
16
20
20
20
9
15
14
17
19
13
12
6
10
15
12
13
19
13
9
15
7
13
12
15
18
21
16

No. 149 Ultimate Killer Su Doku

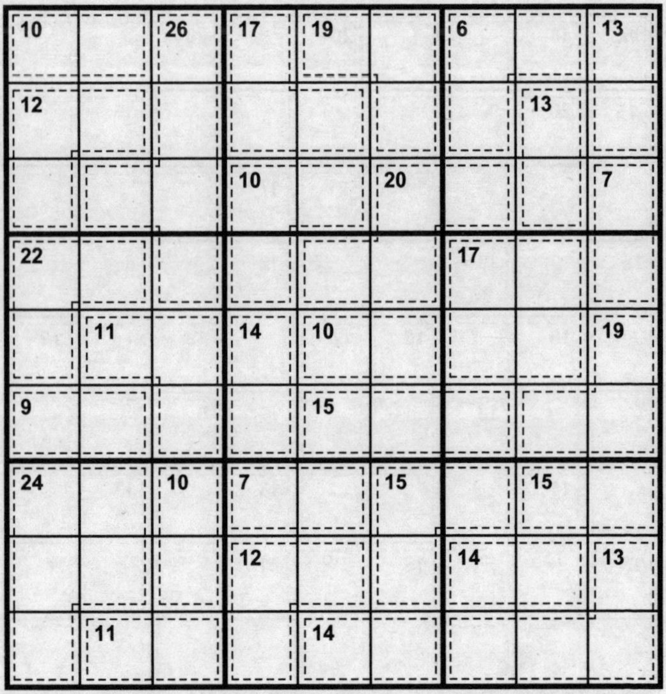

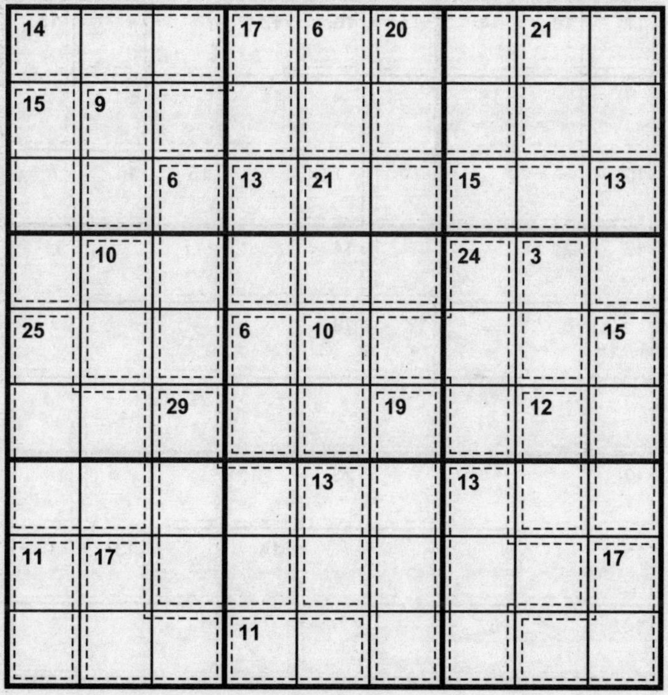
14 17 6 20 21
15 9
6 13 21 15 13
10 24 3
25 6 10 15
29 19 12
13 13
11 17 17
11

No. 151 Ultimate Killer Su Doku

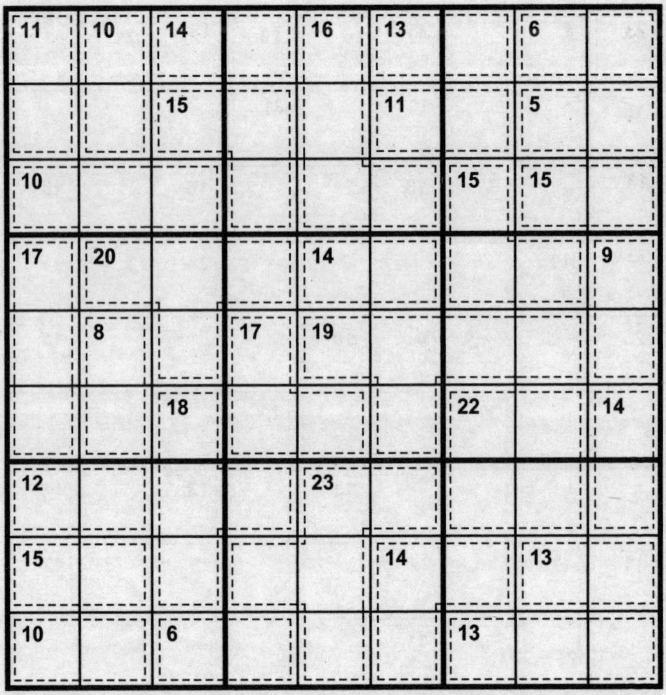

Ultimate Killer Su Doku *No. 152*

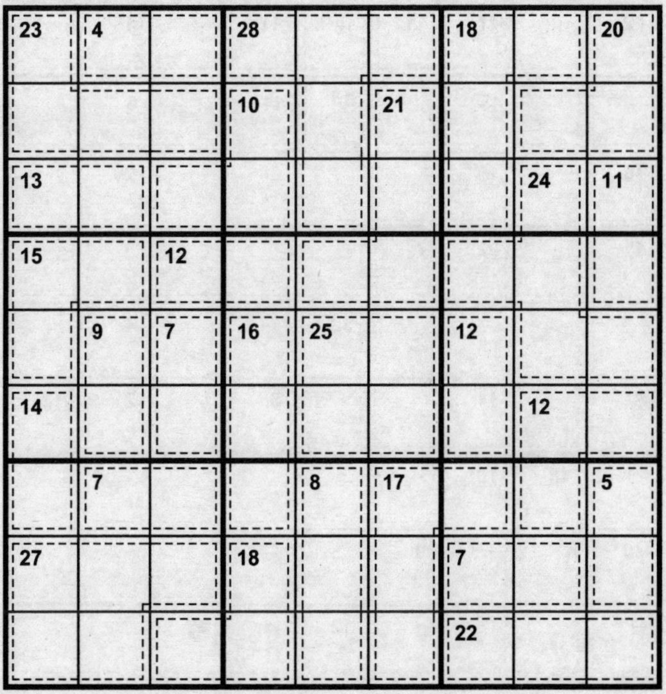

No. 153 Ultimate Killer Su Doku

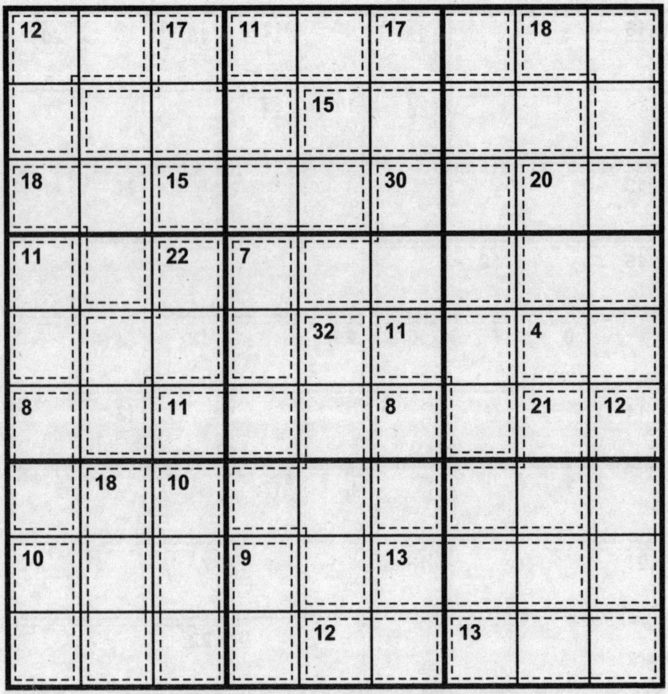

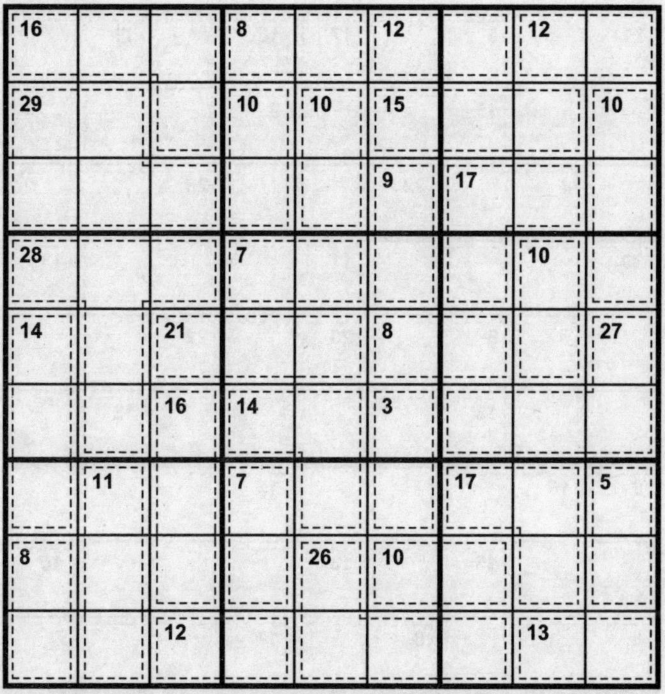

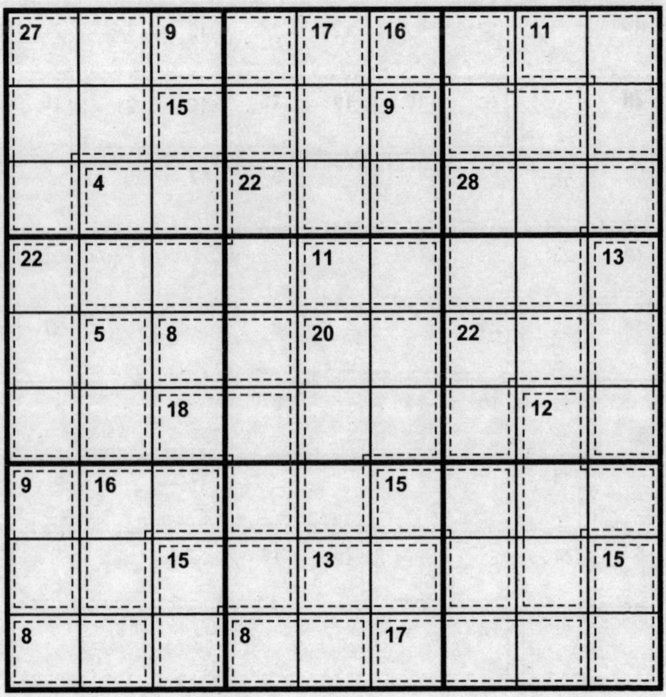
27 9 17 16 11
15 9
4 22 28
22 11 13
5 8 20 22
18 12
9 16 15
15 13 15
8 8 17

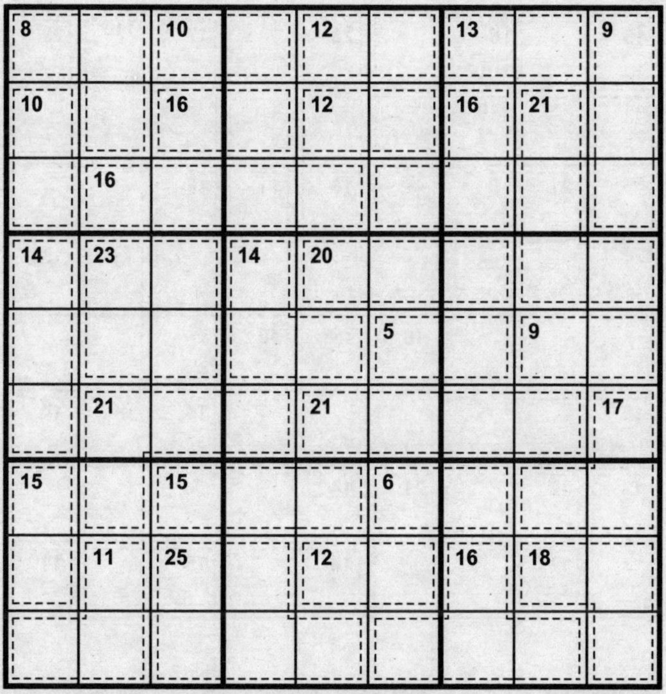
8
10
12
13
9
10
16
12
16
21
16
14
23
14
20
5
9
21
21
17
15
15
6
11
25
12
16
18

No. 157 Ultimate Killer Su Doku

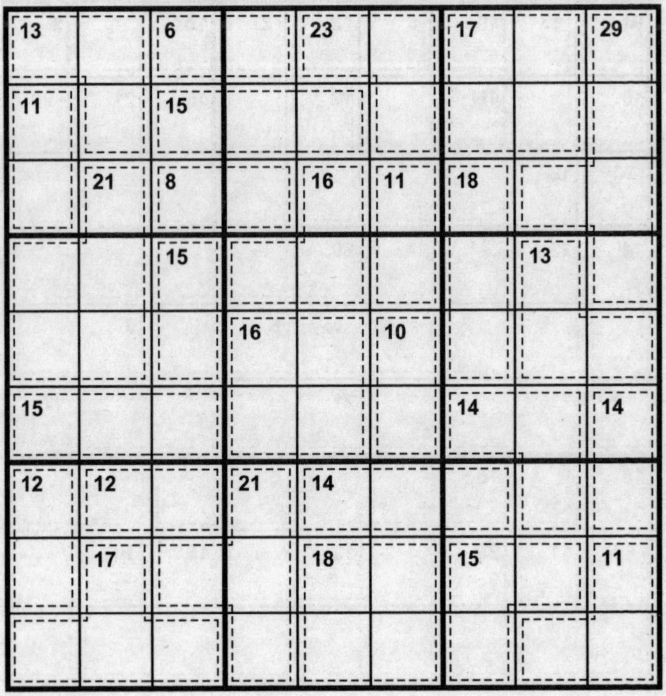

Ultimate Killer Su Doku *No. 158*

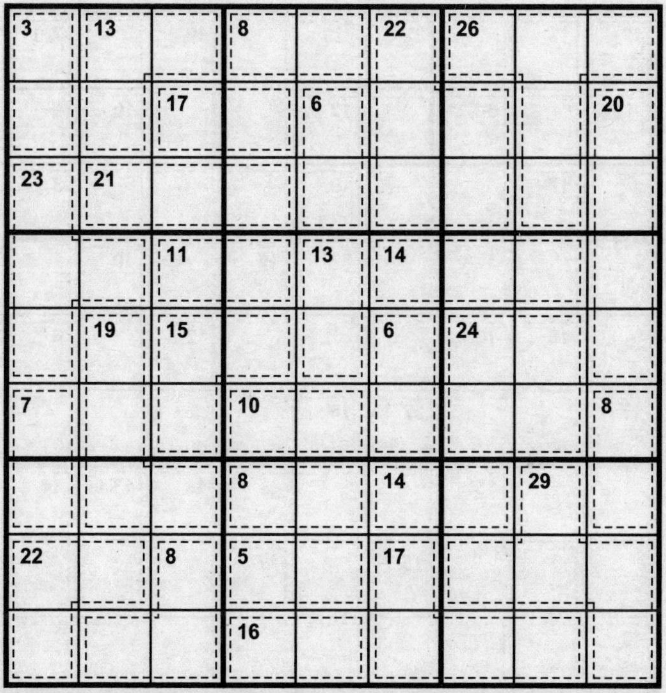

No. 159 Ultimate Killer Su Doku

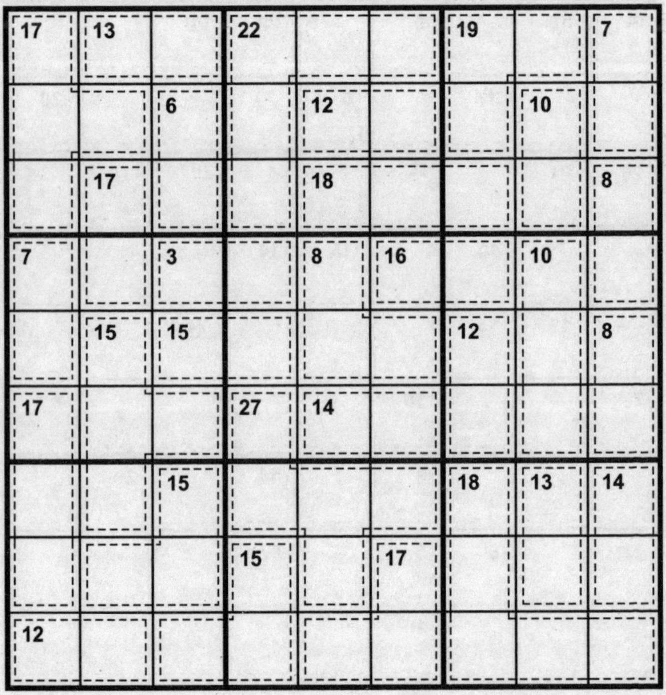

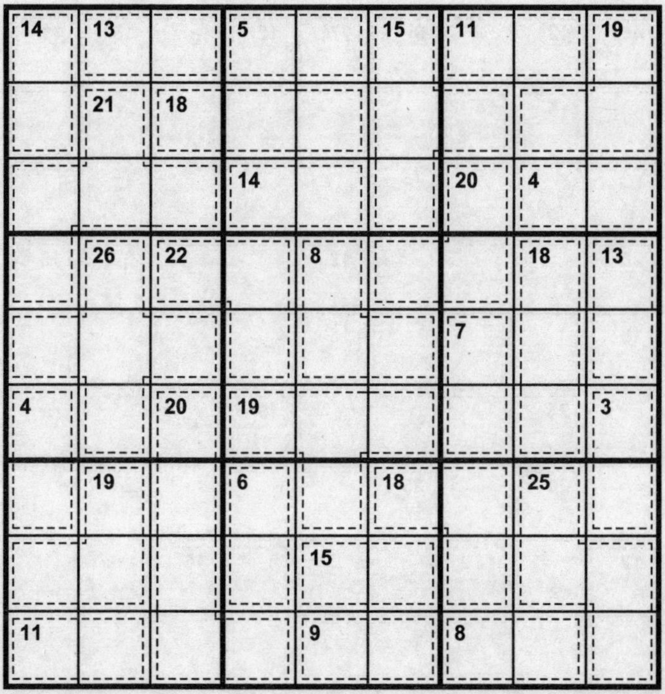
14
13
5
15
11
19
21
18
14
20
4
26
22
8
18
13
7
4
20
19
3
19
6
18
25
15
11
9
8

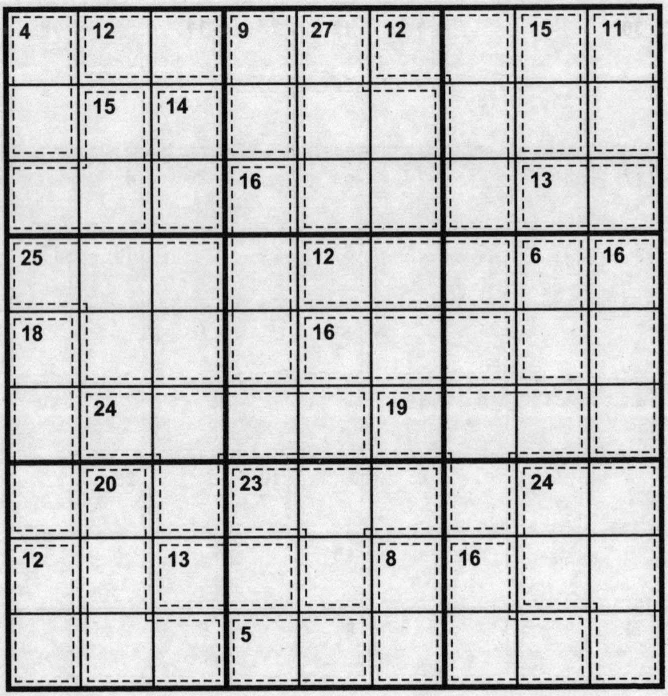
4
12
9
27
12
15
11
15
14
16
13
25
12
6
16
18
16
24
19
20
23
24
12
13
8
16
5

No. 162

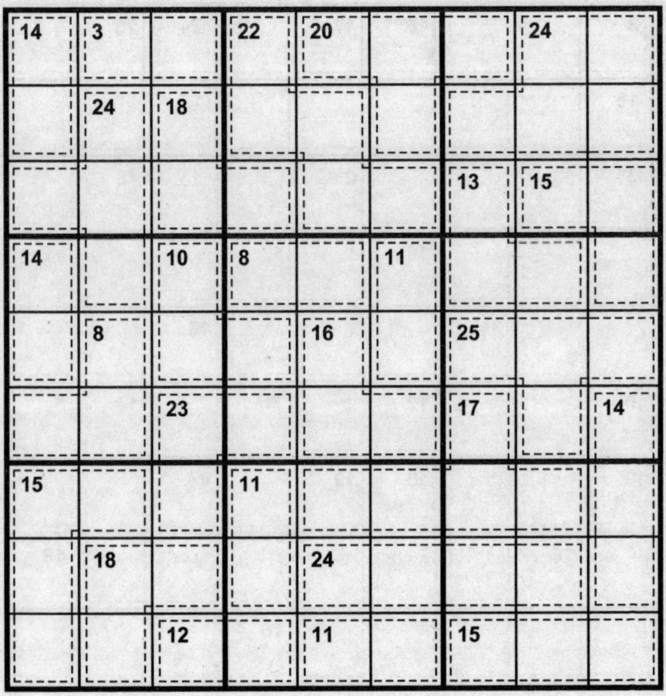
14
3
22
20
24
24
18
13
15
14
10
8
11
8
16
25
23
17
14
15
11
18
24
12
11
15

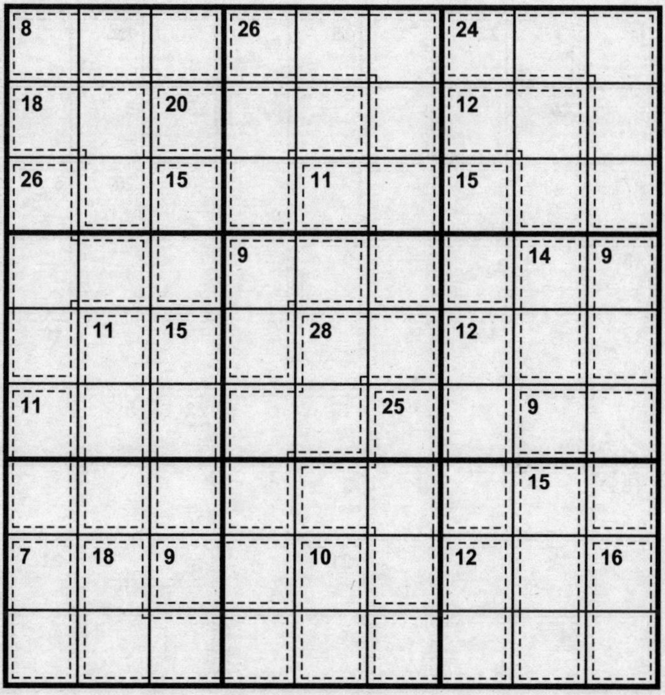
8
26
24
18
20
12
26
15
11
15
9
14
9
11
15
28
12
11
25
9
15
7
18
9
10
12
16

No. 165

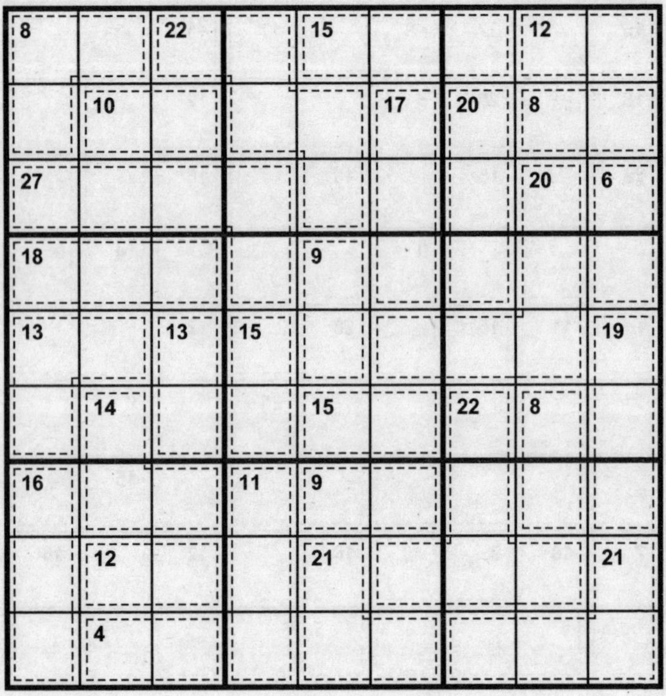

Ultimate Killer Su Doku *No. 166*

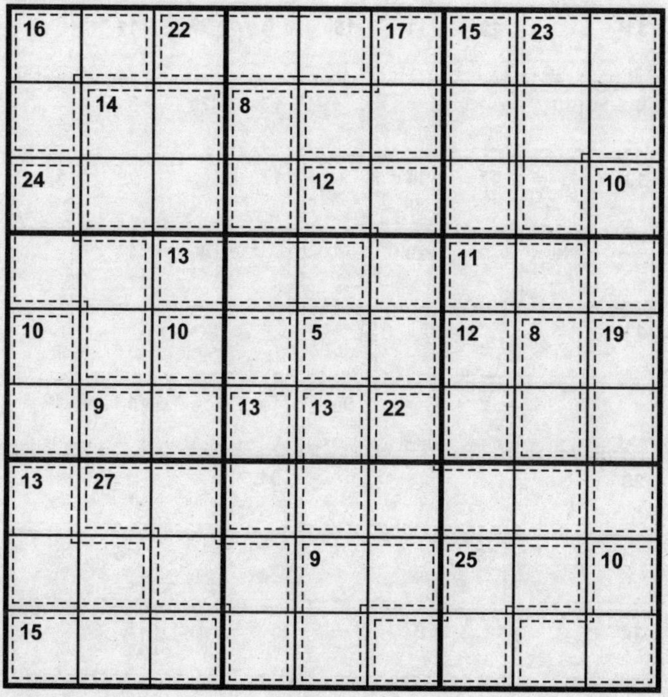

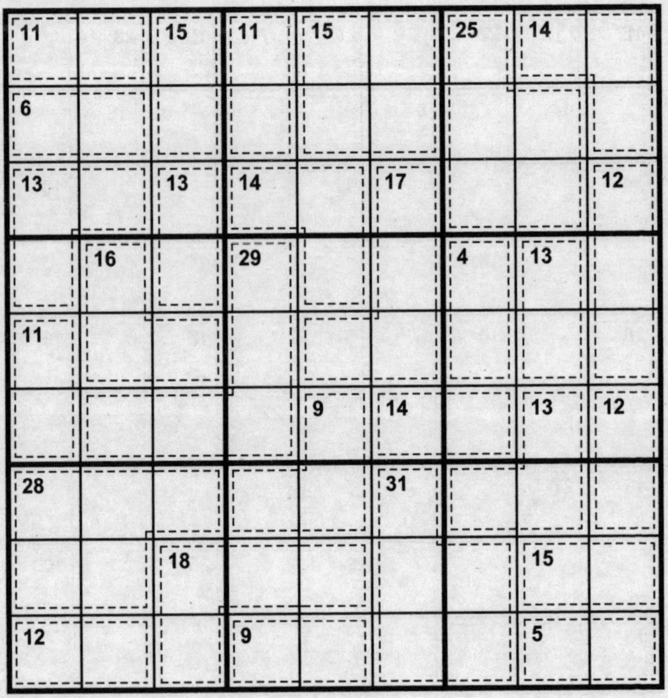
11 15 11 15 25 14
6
13 13 14 17 12
16 29 4 13
11
9 14 13 12
28 31
18 15
12 9 5

Ultimate Killer Su Doku *No. 168*

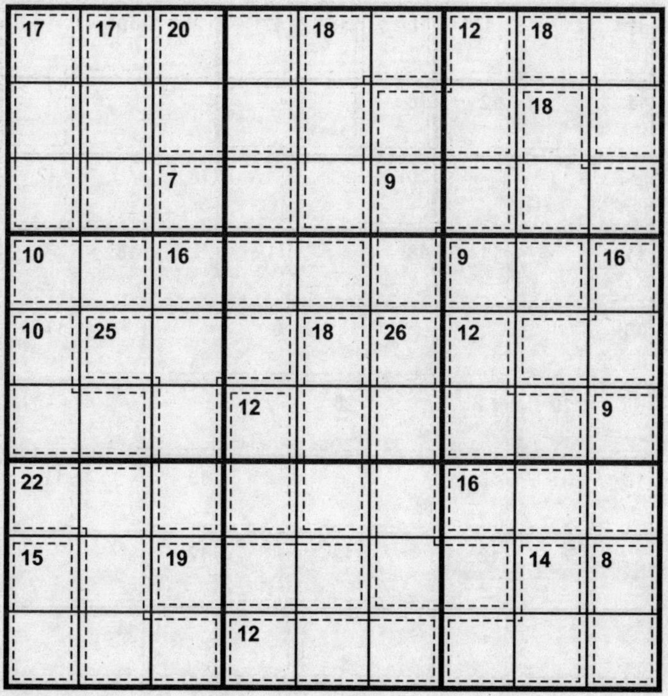

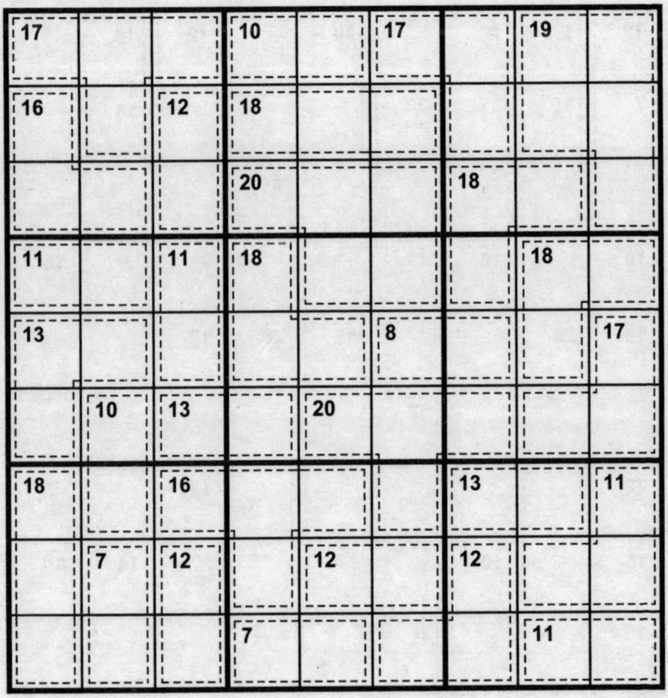
17
10
17
19
16
12
18
20
18
11
11
18
18
13
8
17
10
13
20
18
16
13
11
7
12
12
12
7
11

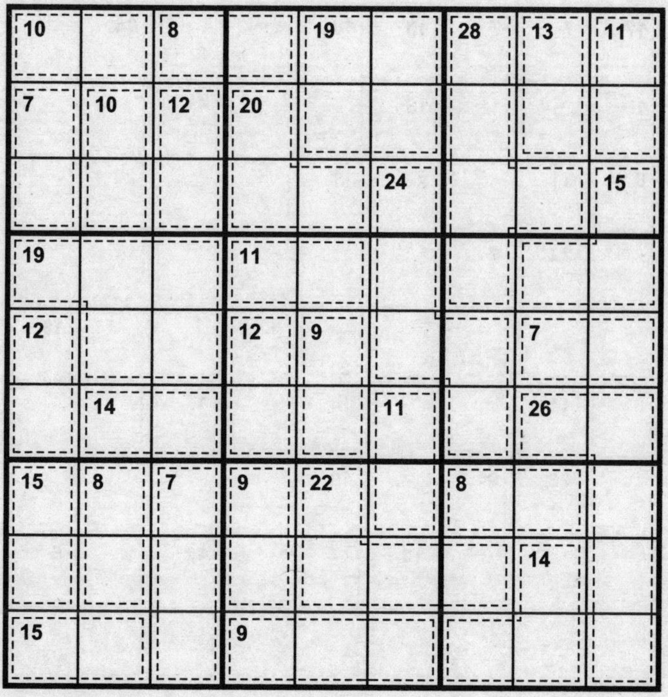
10 8 19 28 13 11
7 10 12 20
24 15
19 11
12 12 9 7
14 11 26
15 8 7 9 22 8
14
15 9

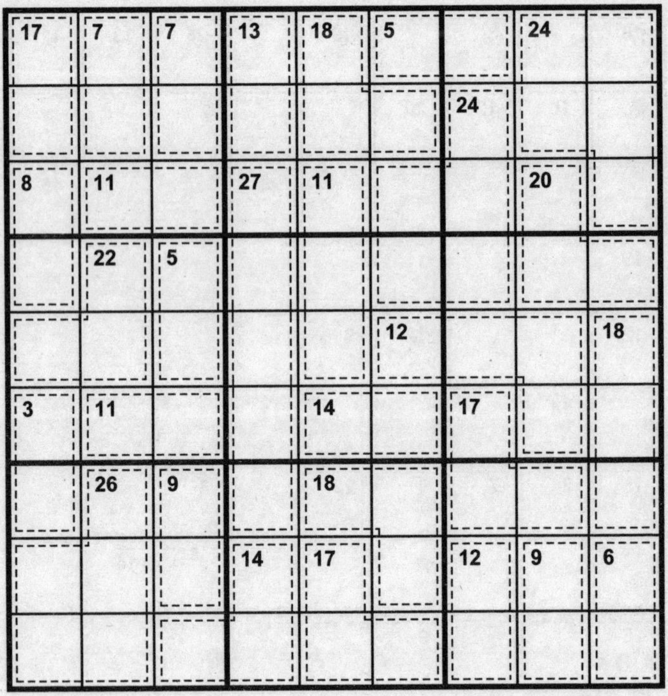
17 7 7 13 18 5 24
24
8 11 27 11 20
22 5
12 18
3 11 14 17
26 9 18
14 17 12 9 6

Ultimate Killer Su Doku *No. 172*

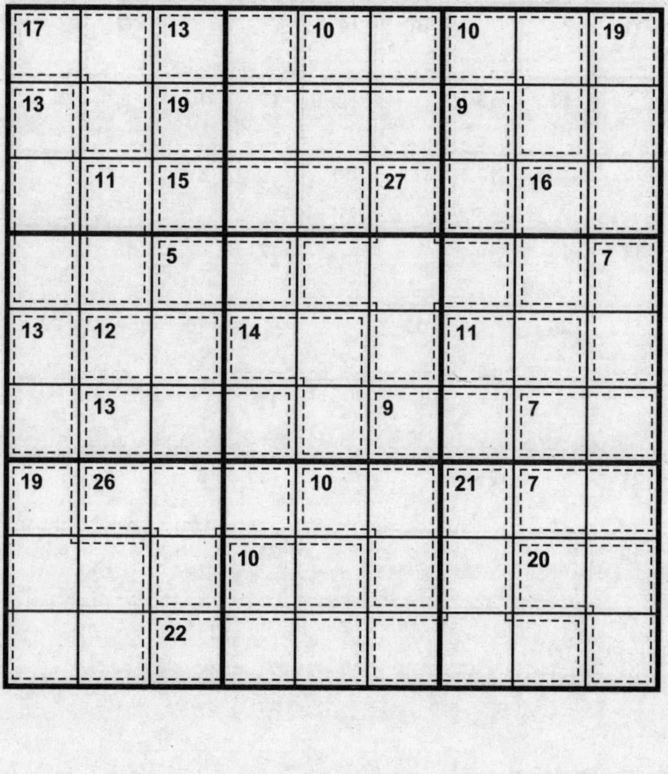

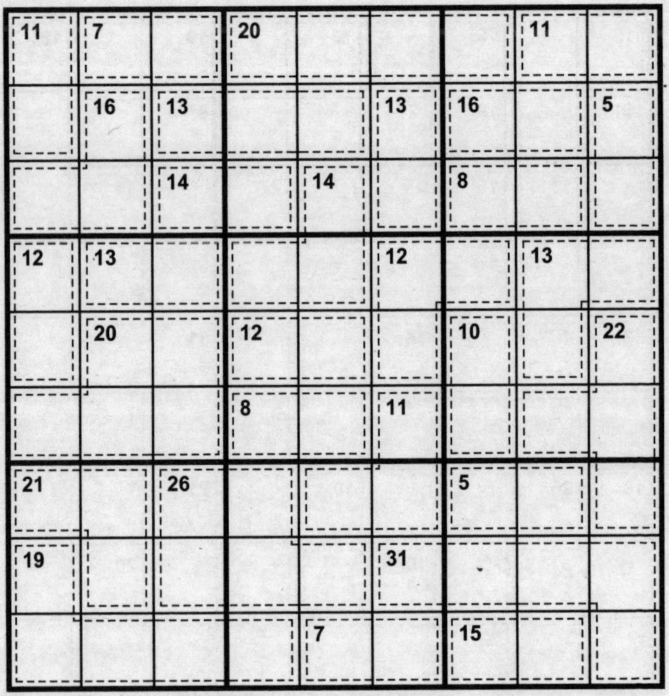
11
7
20
11
16
13
13
16
5
14
14
8
12
13
12
13
20
12
10
22
8
11
21
26
5
19
31
7
15

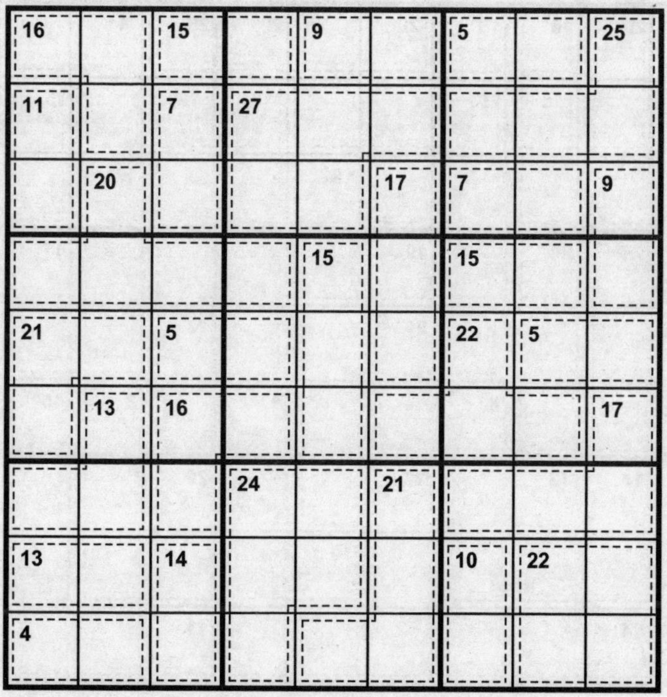
16
15
9
5
25
11
7
27
20
17
7
9
15
15
21
5
22
5
13
16
17
24
21
13
14
10
22
4

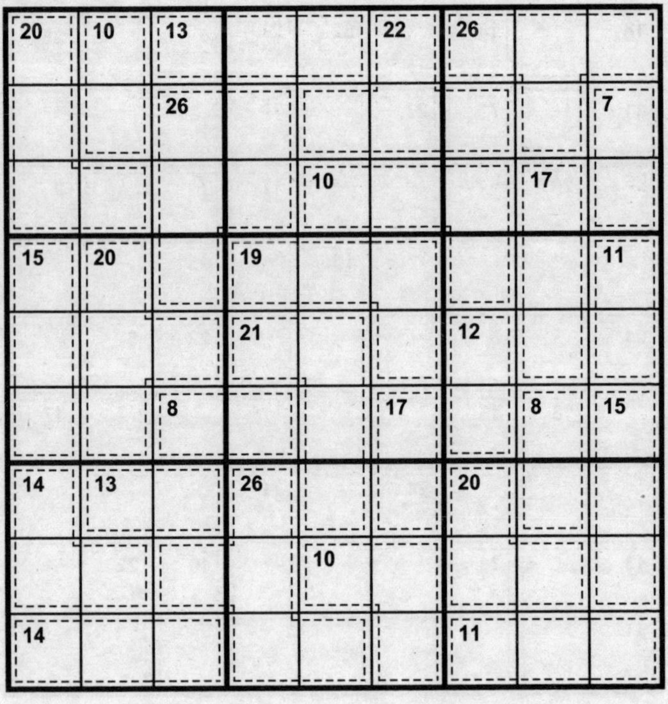
20
10
13
22
26
26
7
10
17
15
20
19
11
21
12
8
17
8
15
14
13
26
20
10
14
11

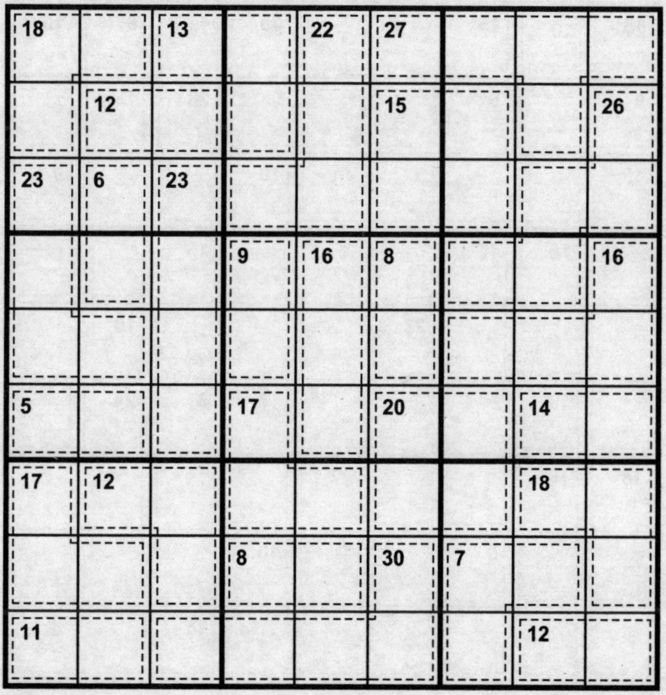
18 13 22 27
12 15 26
23 6 23
9 16 8 16
5 17 20 14
17 12 18
8 30 7
11 12

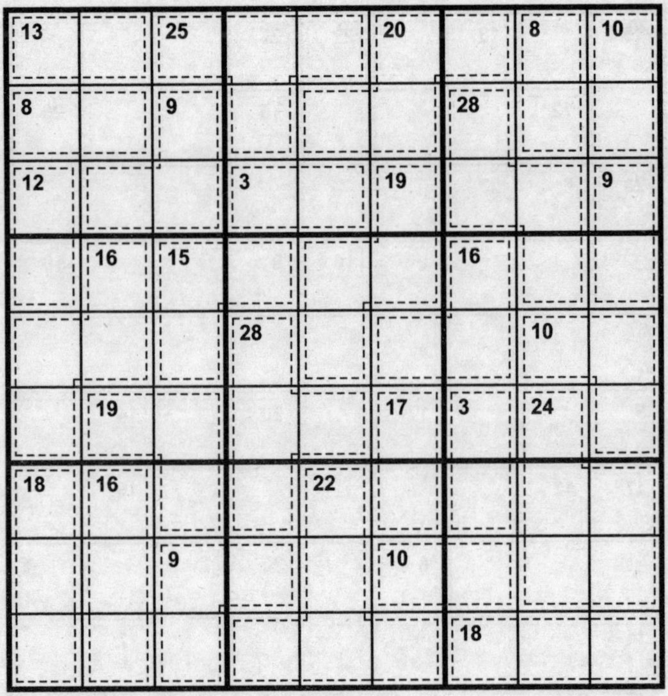
13
25
20
8
10
8
9
28
12
3
19
9
16
15
16
28
10
19
17
3
24
18
16
22
9
10
18

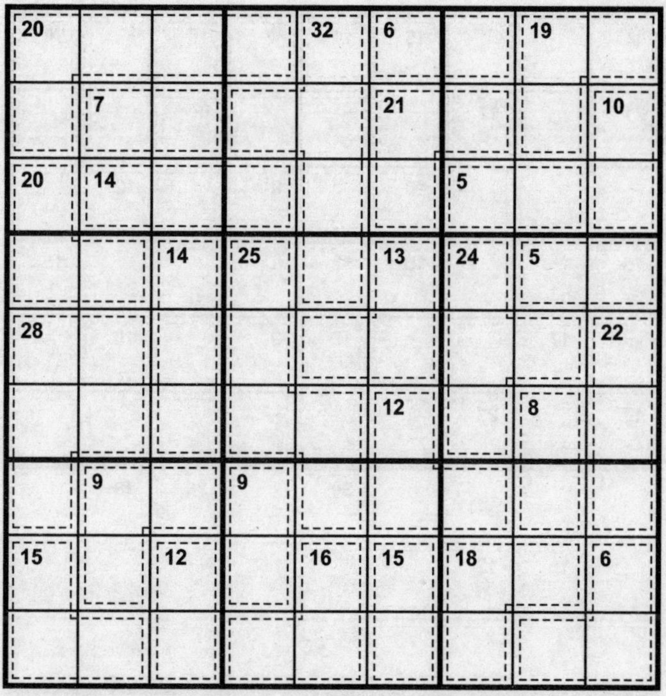
20
32
6
19
7
21
10
20
14
5
14
25
13
24
5
28
22
12
8
9
9
15
12
16
15
18
6

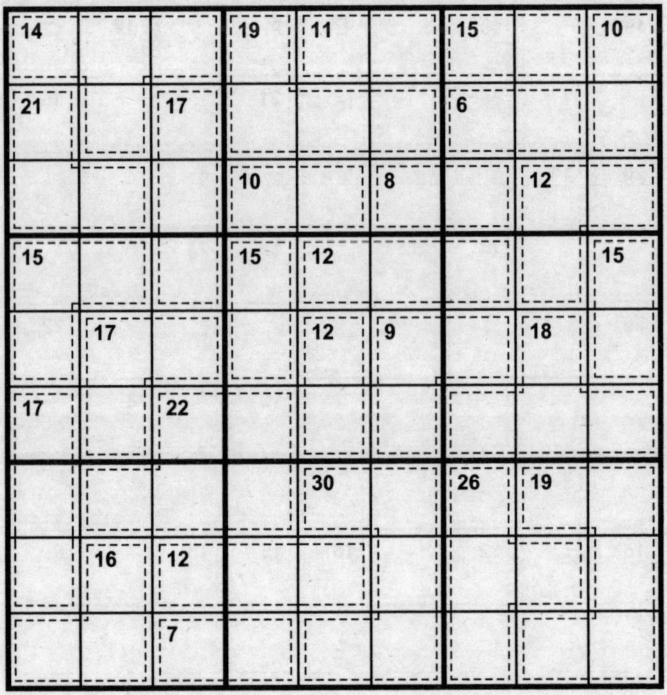
14
19
11
15
10
21
17
6
10
8
12
15
15
12
15
17
12
9
18
17
22
30
26
19
16
12
7

Ultimate Killer Su Doku *No. 180*

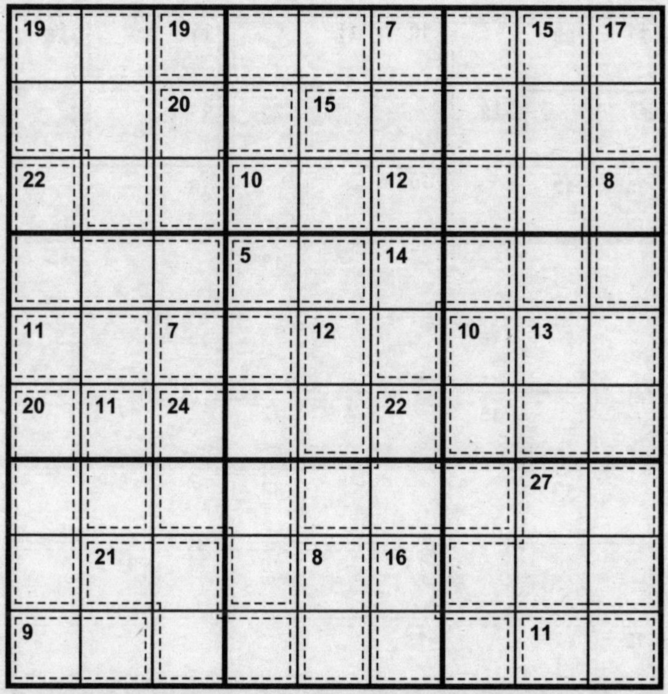

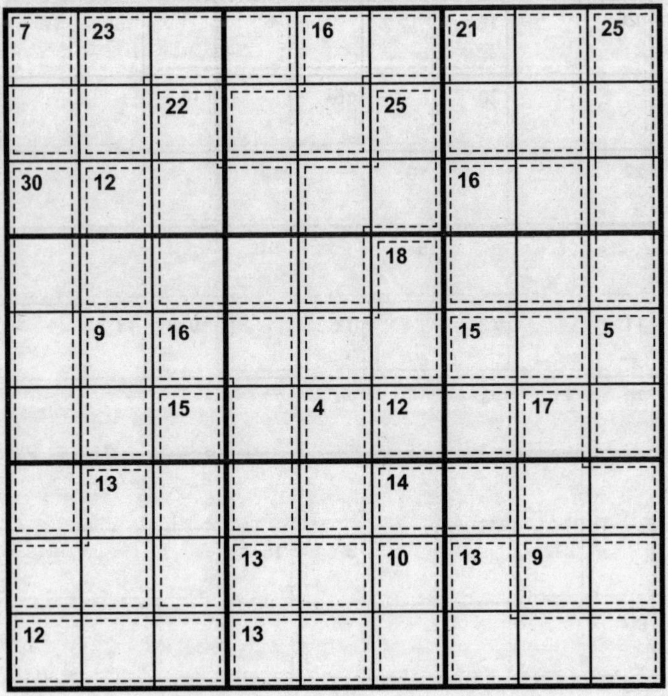
7
23
16
21
25
22
25
30
12
16
18
9
16
15
5
15
4
12
17
13
14
13
10
13
9
12
13

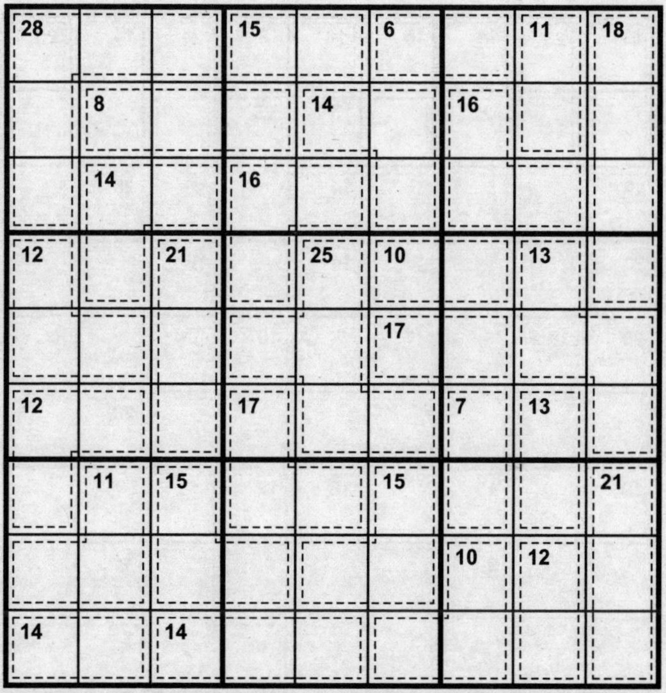

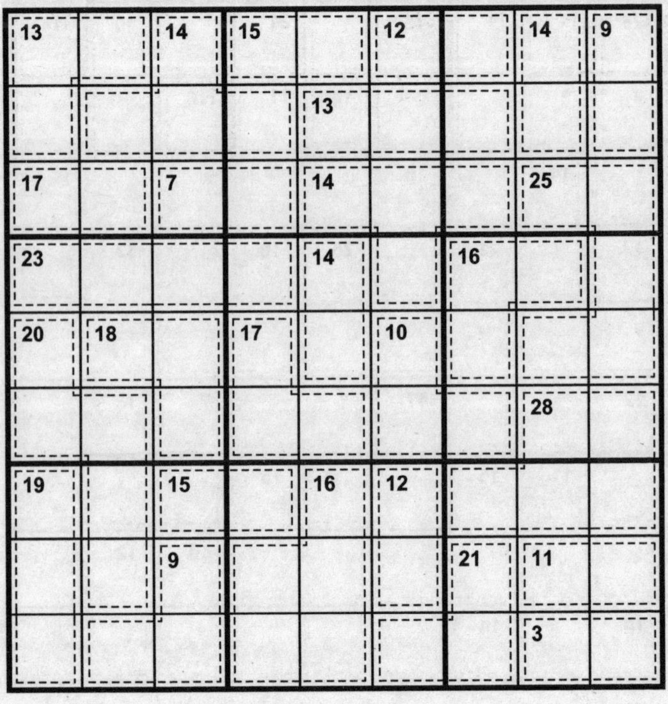
13
14
15
12
14
9
13
17
7
14
25
23
14
16
20
18
17
10
28
19
15
16
12
9
21
11
3

No. 184

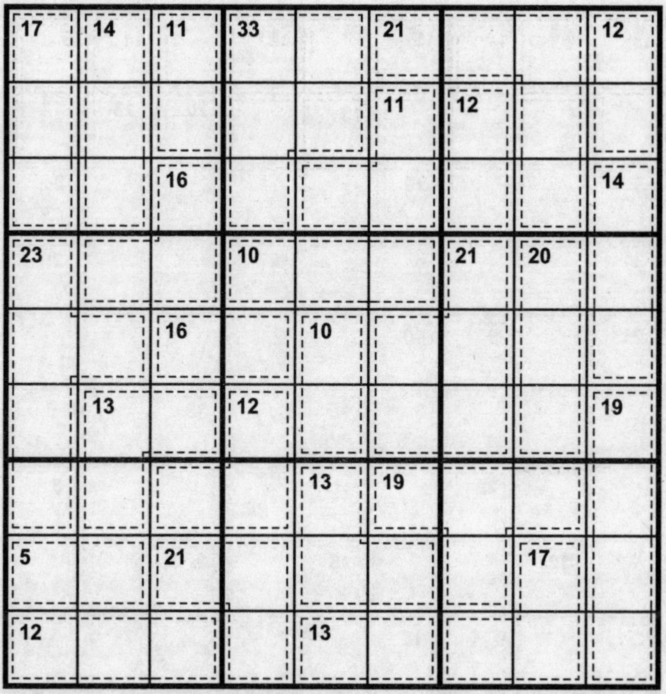
17
14
11
33
21
12
11
12
16
14
23
10
21
20
16
10
13
12
19
13
19
5
21
17
12
13

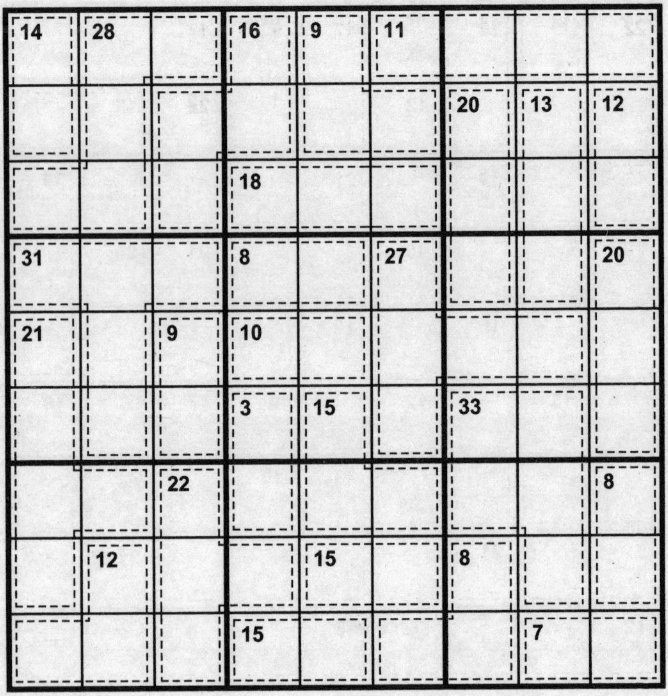
14
28
16
9
11
20
13
12
18
31
8
27
20
21
9
10
3
15
33
22
8
12
15
8
15
7

Ultimate Killer Su Doku *No. 186*

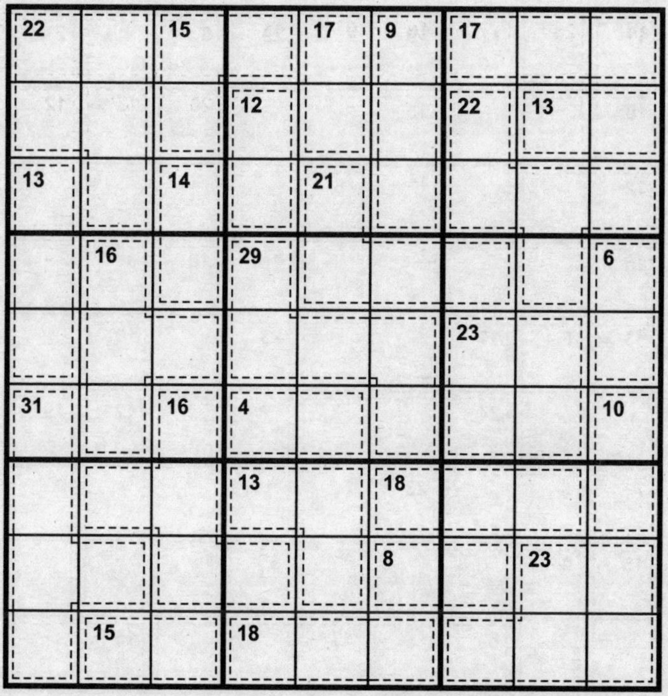

Ultimate Killer Su Doku

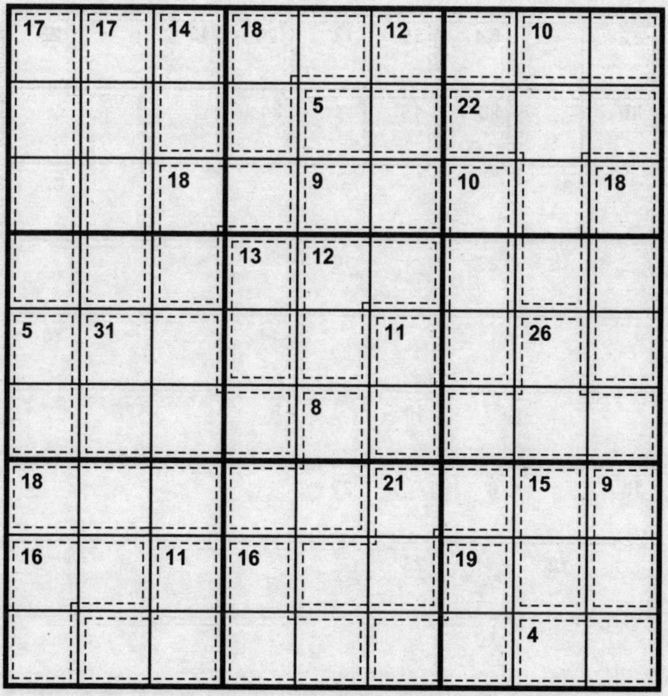
17 17 14 18 12 10
5 22
18 9 10 18
13 12
5 31 11 26
8
18 21 15 9
16 11 16 19
4

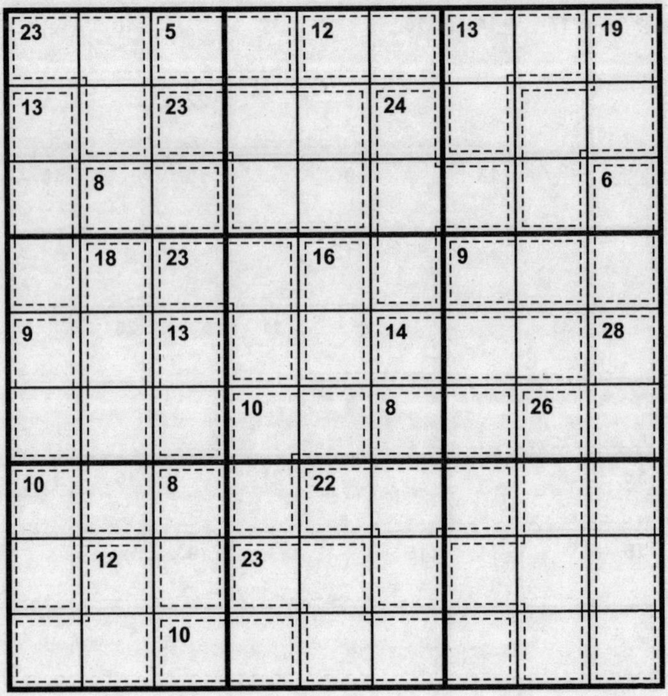
23 5 12 13 19
13 23 24
8 6
18 23 16 9
9 13 14 28
10 8 26
10 8 22
12 23
10

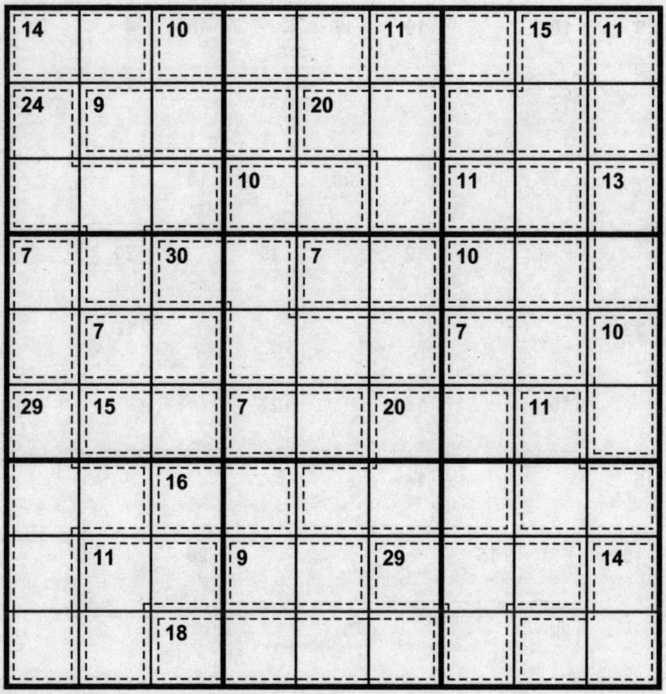
14 10 11 15 11
24 9 20
10 11 13
7 30 7 10
7 7 10
29 15 7 20 11
16
11 9 29 14
18

No. 191 Ultimate Killer Su Doku

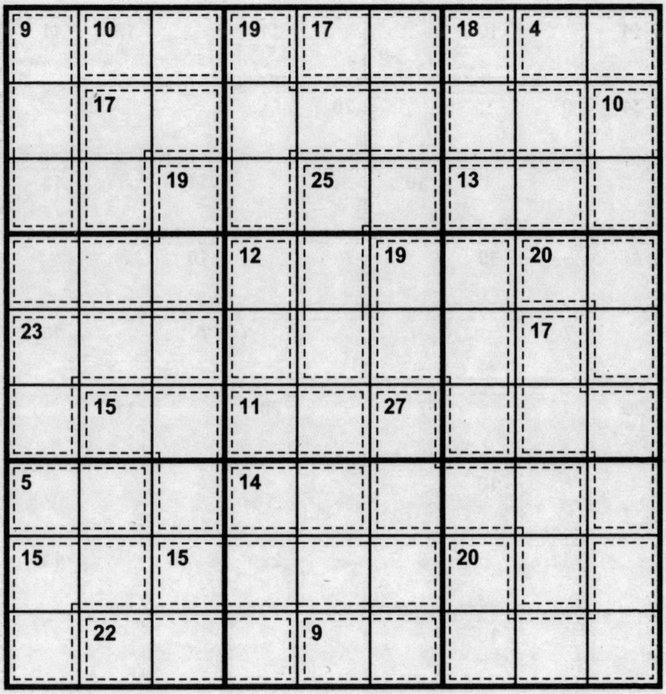

Ultimate Killer Su Doku *No. 192*

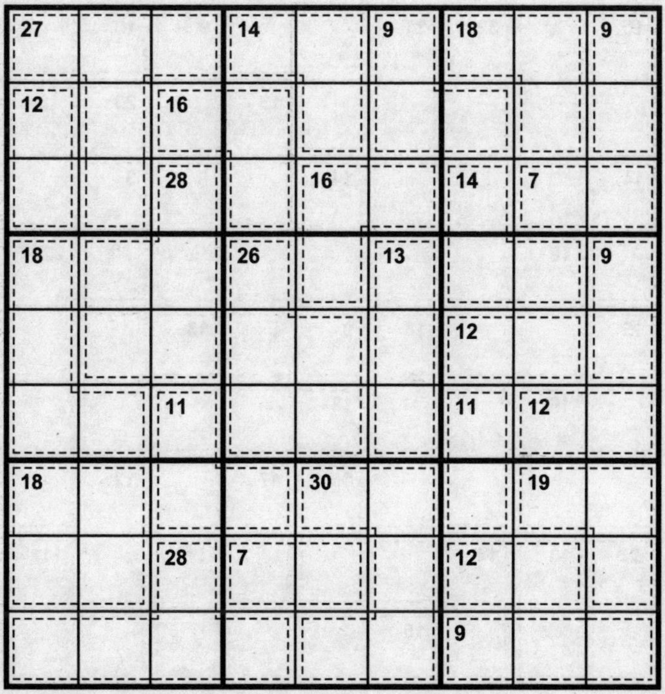

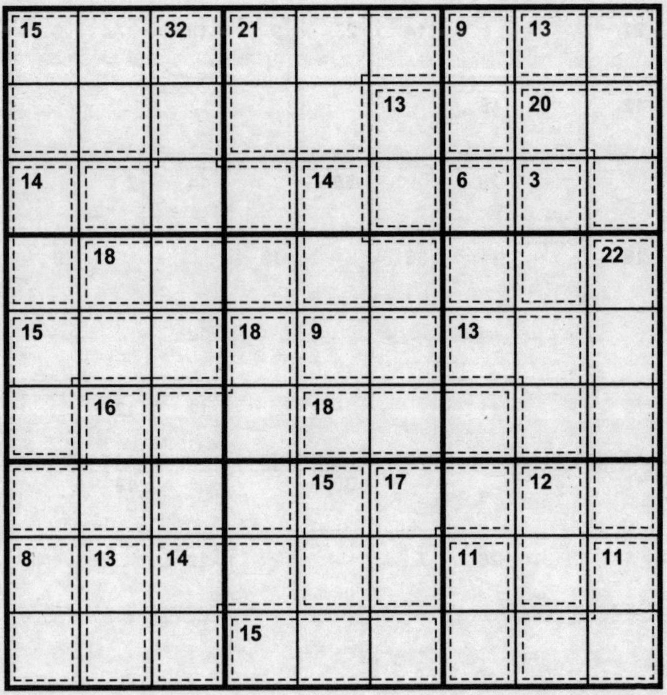
15
32
21
9
13
13
20
14
14
6
3
18
22
15
18
9
13
16
18
15
17
12
8
13
14
11
11
15

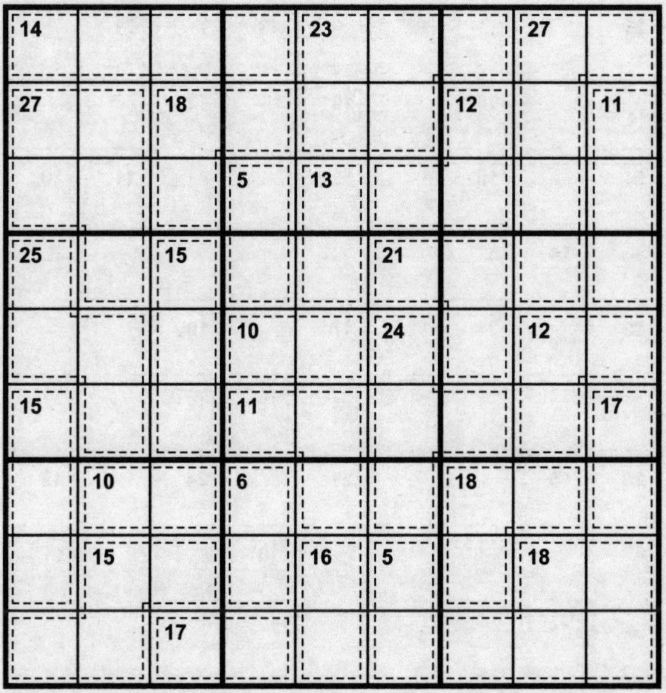
14
23
27
27
18
12
11
5
13
25
15
21
10
24
12
15
11
17
10
6
18
15
16
5
18
17

No. 195

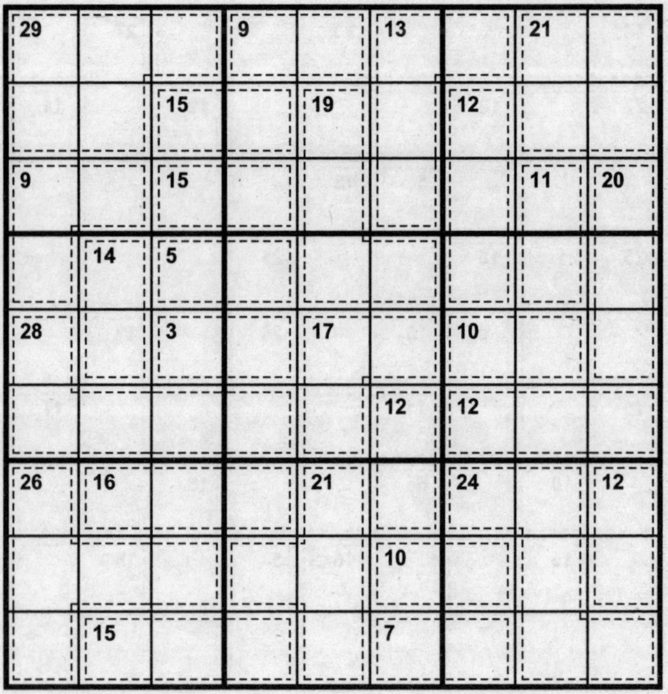

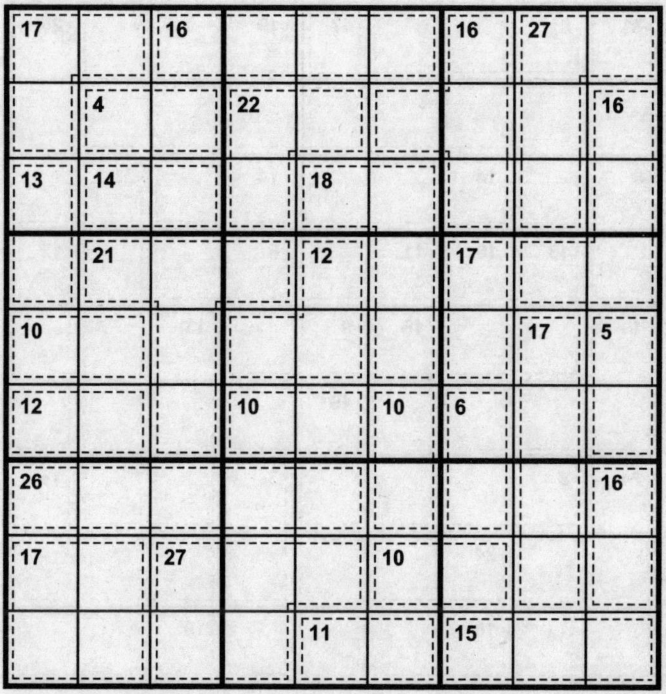
17
16
16
27
4
22
16
13
14
18
21
12
17
10
17
5
12
10
10
6
26
16
17
27
10
11
15

No. 197

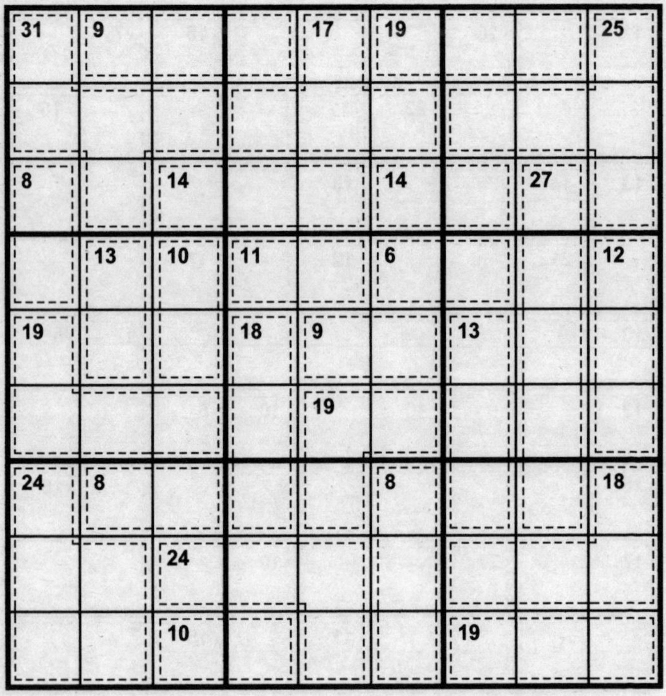

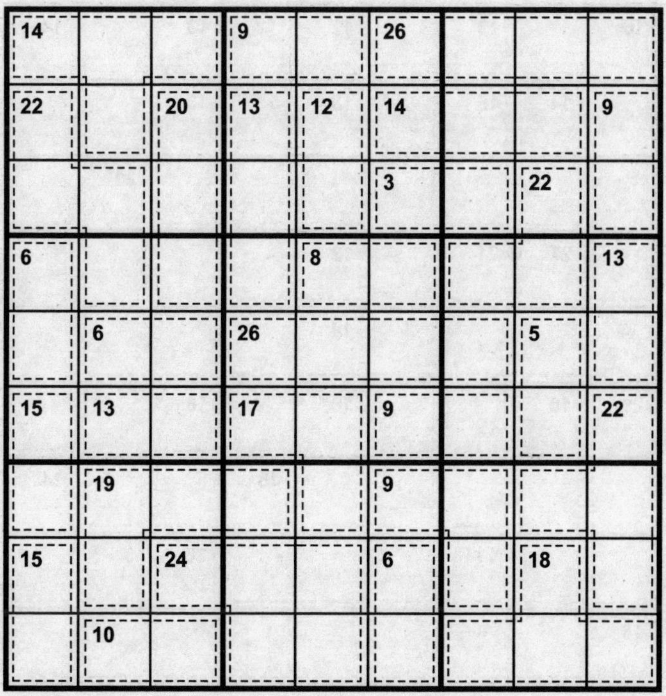
14
9
26
22
20
13
12
14
9
3
22
6
8
13
6
26
5
15
13
17
9
22
19
9
15
24
6
18
10

No. 199

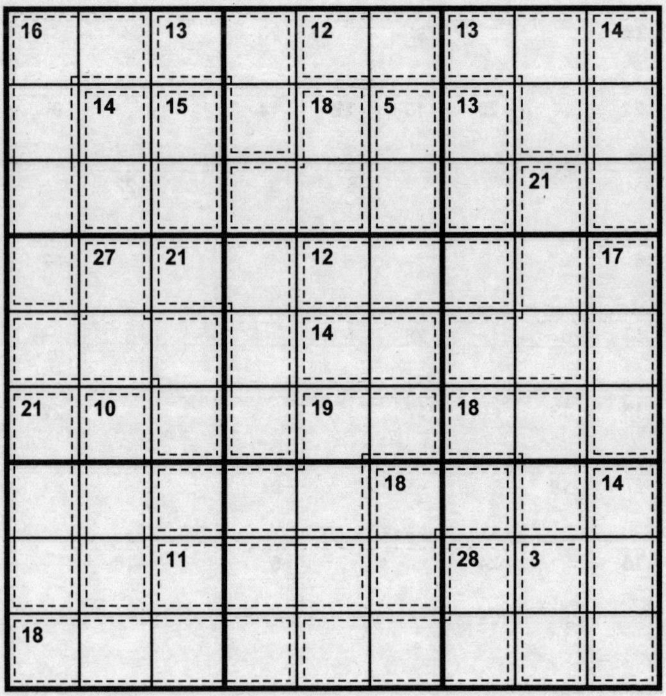
16
13
12
13
14
14
15
18
5
13
21
27
21
12
17
14
21
10
19
18
18
14
11
28
3
18

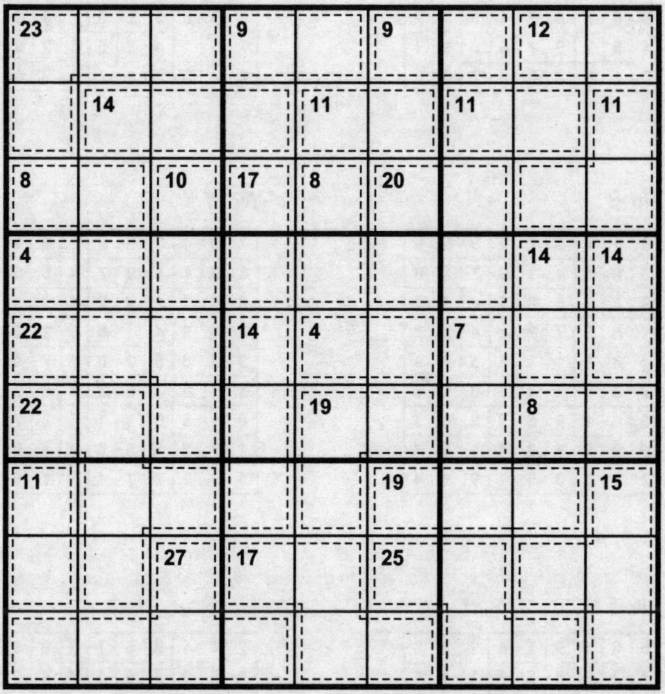
23
9
9
12
14
11
11
11
8
10
17
8
20
4
14
14
22
14
4
7
22
19
8
11
19
15
27
17
25

No. 1

2	8	6	9	3	7	1	5	4
5	9	3	4	1	8	6	2	7
1	7	4	5	6	2	9	3	8
6	2	5	1	4	3	8	7	9
9	4	1	7	8	5	2	6	3
7	3	8	6	2	9	4	1	5
8	6	7	3	9	1	5	4	2
4	5	2	8	7	6	3	9	1
3	1	9	2	5	4	7	8	6

No. 2

2	8	7	6	5	3	1	9	4
5	9	4	2	7	1	8	6	3
6	1	3	8	9	4	2	7	5
1	4	5	7	6	9	3	8	2
8	7	9	1	3	2	4	5	6
3	6	2	5	4	8	9	1	7
9	5	8	3	2	6	7	4	1
7	3	1	4	8	5	6	2	9
4	2	6	9	1	7	5	3	8

No. 3

8	1	4	6	7	2	3	9	5
3	6	5	4	1	9	7	2	8
9	2	7	5	8	3	6	4	1
1	5	6	7	9	8	4	3	2
4	8	2	1	3	6	5	7	9
7	3	9	2	4	5	8	1	6
5	4	1	9	6	7	2	8	3
6	9	8	3	2	4	1	5	7
2	7	3	8	5	1	9	6	4

No. 4

7	9	4	3	5	6	2	8	1
3	2	1	8	9	7	4	6	5
8	6	5	1	4	2	7	9	3
2	5	7	4	1	9	6	3	8
9	3	6	5	2	8	1	7	4
4	1	8	7	6	3	9	5	2
6	4	3	9	8	1	5	2	7
1	7	2	6	3	5	8	4	9
5	8	9	2	7	4	3	1	6

No. 5

5	3	1	9	7	4	2	8	6
7	2	9	8	5	6	3	4	1
4	8	6	2	3	1	9	5	7
2	9	5	6	4	8	7	1	3
6	7	4	1	2	3	8	9	5
3	1	8	7	9	5	4	6	2
8	5	2	3	6	9	1	7	4
1	6	7	4	8	2	5	3	9
9	4	3	5	1	7	6	2	8

No. 6

2	4	1	8	5	7	6	9	3
8	5	9	3	6	1	7	4	2
6	3	7	9	4	2	5	8	1
3	9	8	6	2	4	1	5	7
4	7	6	1	3	5	8	2	9
5	1	2	7	9	8	3	6	4
9	8	4	5	1	3	2	7	6
1	2	5	4	7	6	9	3	8
7	6	3	2	8	9	4	1	5

No. 7

3	7	2	5	6	4	9	1	8
9	5	8	3	2	1	6	7	4
6	4	1	8	7	9	2	5	3
5	1	6	9	4	3	8	2	7
7	2	9	6	8	5	4	3	1
8	3	4	7	1	2	5	6	9
2	8	7	1	9	6	3	4	5
1	6	5	4	3	8	7	9	2
4	9	3	2	5	7	1	8	6

No. 8

3	9	8	2	7	1	6	4	5
7	5	6	4	9	8	1	3	2
2	4	1	6	5	3	8	7	9
8	3	7	5	1	4	9	2	6
9	2	5	8	6	7	4	1	3
6	1	4	9	3	2	7	5	8
4	8	3	7	2	9	5	6	1
1	6	9	3	4	5	2	8	7
5	7	2	1	8	6	3	9	4

No. 9

9	4	2	7	8	1	3	5	6
8	7	1	6	5	3	2	4	9
6	5	3	2	4	9	8	1	7
5	8	6	3	9	2	1	7	4
1	3	7	4	6	5	9	8	2
2	9	4	8	1	7	5	6	3
3	6	8	1	2	4	7	9	5
4	2	5	9	7	8	6	3	1
7	1	9	5	3	6	4	2	8

No. 10

3	1	5	7	8	4	6	9	2
4	7	9	6	2	3	5	1	8
6	2	8	5	1	9	4	7	3
7	5	4	3	6	2	1	8	9
2	9	6	1	5	8	7	3	4
8	3	1	4	9	7	2	6	5
5	8	3	2	7	1	9	4	6
1	4	2	9	3	6	8	5	7
9	6	7	8	4	5	3	2	1

No. 11

8	2	1	3	4	6	7	5	9
3	6	9	2	7	5	8	4	1
7	5	4	9	1	8	2	6	3
5	3	6	1	9	7	4	8	2
1	7	2	8	5	4	9	3	6
4	9	8	6	2	3	1	7	5
2	8	5	7	3	9	6	1	4
9	4	7	5	6	1	3	2	8
6	1	3	4	8	2	5	9	7

No. 12

9	8	1	7	6	5	2	4	3
3	7	2	1	8	4	6	5	9
6	5	4	9	3	2	8	1	7
8	2	9	3	5	6	4	7	1
4	3	7	8	1	9	5	2	6
1	6	5	2	4	7	9	3	8
5	1	6	4	9	3	7	8	2
2	9	8	5	7	1	3	6	4
7	4	3	6	2	8	1	9	5

No. 13

2	6	5	8	3	7	4	1	9
3	7	8	9	1	4	6	5	2
4	9	1	6	5	2	8	7	3
7	8	2	3	4	9	1	6	5
9	1	4	5	8	6	2	3	7
6	5	3	2	7	1	9	8	4
1	2	9	7	6	3	5	4	8
8	3	6	4	2	5	7	9	1
5	4	7	1	9	8	3	2	6

No. 14

1	4	9	8	7	6	3	5	2
5	3	6	2	9	1	7	4	8
8	7	2	5	3	4	6	1	9
9	2	3	4	5	7	8	6	1
4	6	5	9	1	8	2	3	7
7	8	1	6	2	3	4	9	5
2	9	7	3	4	5	1	8	6
6	1	4	7	8	9	5	2	3
3	5	8	1	6	2	9	7	4

No. 15

1	3	7	2	6	5	8	4	9
2	5	8	9	4	7	1	3	6
4	9	6	8	1	3	5	7	2
5	8	2	1	3	9	4	6	7
7	1	9	6	8	4	2	5	3
6	4	3	7	5	2	9	8	1
3	2	5	4	7	1	6	9	8
9	6	4	3	2	8	7	1	5
8	7	1	5	9	6	3	2	4

No. 16

1	4	9	3	5	6	7	2	8
5	2	6	9	8	7	3	1	4
3	7	8	4	1	2	6	9	5
8	3	4	6	2	9	5	7	1
2	5	7	8	3	1	4	6	9
6	9	1	7	4	5	2	8	3
9	1	2	5	7	4	8	3	6
7	8	5	1	6	3	9	4	2
4	6	3	2	9	8	1	5	7

No. 17

6	5	4	2	8	7	3	9	1
2	7	9	3	5	1	4	6	8
8	1	3	6	9	4	2	5	7
9	4	5	1	7	3	6	8	2
7	2	6	5	4	8	9	1	3
3	8	1	9	2	6	7	4	5
5	9	7	4	1	2	8	3	6
1	3	8	7	6	9	5	2	4
4	6	2	8	3	5	1	7	9

No. 18

1	4	8	3	7	2	6	5	9
3	9	5	8	6	4	2	1	7
7	6	2	5	9	1	3	8	4
5	7	6	1	8	3	4	9	2
2	3	4	9	5	7	1	6	8
8	1	9	4	2	6	5	7	3
9	2	3	6	1	8	7	4	5
6	8	7	2	4	5	9	3	1
4	5	1	7	3	9	8	2	6

No. 19

8	3	6	5	2	7	4	1	9
5	1	7	4	8	9	3	6	2
9	2	4	3	6	1	7	5	8
7	4	5	9	1	2	6	8	3
1	8	9	7	3	6	5	2	4
3	6	2	8	5	4	9	7	1
6	7	8	1	9	3	2	4	5
4	5	3	2	7	8	1	9	6
2	9	1	6	4	5	8	3	7

No. 20

8	5	3	7	1	2	6	9	4
2	1	9	6	4	3	8	7	5
6	7	4	5	9	8	2	1	3
9	6	5	3	2	7	1	4	8
1	2	8	9	5	4	7	3	6
4	3	7	1	8	6	5	2	9
7	8	1	4	3	5	9	6	2
5	4	6	2	7	9	3	8	1
3	9	2	8	6	1	4	5	7

No. 21

8	9	2	7	1	6	4	5	3
7	3	5	2	8	4	9	6	1
6	1	4	9	5	3	8	7	2
5	6	9	8	3	2	7	1	4
4	8	1	6	7	5	2	3	9
3	2	7	1	4	9	6	8	5
2	7	6	3	9	1	5	4	8
9	5	3	4	6	8	1	2	7
1	4	8	5	2	7	3	9	6

No. 22

2	5	1	6	8	9	4	7	3
9	7	4	5	3	1	6	2	8
8	3	6	7	2	4	9	5	1
5	8	2	9	6	3	7	1	4
7	4	3	2	1	8	5	6	9
6	1	9	4	7	5	8	3	2
4	9	7	3	5	2	1	8	6
1	2	5	8	4	6	3	9	7
3	6	8	1	9	7	2	4	5

No. 23

1	5	4	9	8	7	6	3	2
7	3	2	6	5	4	1	8	9
9	8	6	3	1	2	7	4	5
2	1	5	8	9	3	4	6	7
4	6	3	2	7	5	8	9	1
8	7	9	1	4	6	5	2	3
3	4	8	7	2	1	9	5	6
5	2	7	4	6	9	3	1	8
6	9	1	5	3	8	2	7	4

No. 24

5	7	4	6	2	9	8	1	3
3	1	2	5	8	7	6	4	9
9	6	8	1	3	4	5	7	2
4	2	9	8	7	3	1	6	5
7	5	1	4	9	6	3	2	8
8	3	6	2	5	1	4	9	7
2	4	3	7	1	8	9	5	6
1	8	7	9	6	5	2	3	4
6	9	5	3	4	2	7	8	1

No. 25

5	6	3	2	1	7	9	4	8
7	4	1	9	6	8	3	5	2
2	8	9	4	3	5	1	6	7
4	1	2	6	7	3	8	9	5
6	9	5	8	4	1	2	7	3
3	7	8	5	9	2	4	1	6
1	5	6	3	8	9	7	2	4
8	2	7	1	5	4	6	3	9
9	3	4	7	2	6	5	8	1

No. 26

7	1	9	6	4	3	2	8	5
3	4	5	2	9	8	1	6	7
8	2	6	1	5	7	4	3	9
4	7	2	3	1	5	8	9	6
9	6	1	7	8	4	3	5	2
5	8	3	9	2	6	7	1	4
2	3	4	8	6	9	5	7	1
1	9	8	5	7	2	6	4	3
6	5	7	4	3	1	9	2	8

No. 27

1	8	2	5	9	6	4	7	3
4	7	6	1	8	3	9	2	5
9	5	3	4	2	7	1	6	8
8	3	1	2	4	5	6	9	7
6	2	7	9	3	8	5	4	1
5	4	9	6	7	1	8	3	2
3	6	4	8	1	2	7	5	9
7	1	5	3	6	9	2	8	4
2	9	8	7	5	4	3	1	6

No. 28

2	4	8	5	1	3	6	7	9
9	6	5	8	4	7	2	1	3
7	1	3	2	6	9	8	5	4
1	8	4	6	3	5	7	9	2
6	3	7	9	2	4	1	8	5
5	9	2	1	7	8	3	4	6
8	2	6	4	9	1	5	3	7
3	5	9	7	8	2	4	6	1
4	7	1	3	5	6	9	2	8

No. 29

7	1	8	6	5	2	4	9	3
4	6	3	7	1	9	5	8	2
9	2	5	8	3	4	6	1	7
3	5	9	2	6	8	1	7	4
2	7	4	1	9	3	8	6	5
1	8	6	5	4	7	3	2	9
8	4	2	3	7	1	9	5	6
6	9	1	4	2	5	7	3	8
5	3	7	9	8	6	2	4	1

No. 30

9	6	7	1	3	4	5	2	8
2	4	3	8	5	9	7	1	6
5	8	1	7	2	6	9	4	3
8	3	4	9	6	2	1	7	5
7	2	9	5	8	1	6	3	4
6	1	5	4	7	3	8	9	2
1	7	6	3	4	8	2	5	9
4	5	2	6	9	7	3	8	1
3	9	8	2	1	5	4	6	7

No. 31

2	5	4	9	1	3	8	7	6
8	7	3	5	6	2	4	1	9
9	1	6	8	4	7	3	2	5
3	8	7	1	2	6	9	5	4
4	2	5	3	8	9	7	6	1
1	6	9	4	7	5	2	8	3
7	3	2	6	5	4	1	9	8
5	4	1	7	9	8	6	3	2
6	9	8	2	3	1	5	4	7

No. 32

4	6	2	5	7	8	1	3	9
8	7	1	3	9	2	5	4	6
9	3	5	4	6	1	2	7	8
6	1	7	9	2	5	4	8	3
2	4	3	8	1	7	9	6	5
5	9	8	6	3	4	7	2	1
7	8	9	2	5	3	6	1	4
3	2	6	1	4	9	8	5	7
1	5	4	7	8	6	3	9	2

No. 33

2	9	7	3	5	8	1	6	4
5	3	6	1	4	9	2	8	7
8	4	1	7	6	2	5	9	3
1	6	3	5	7	4	9	2	8
7	5	8	2	9	3	4	1	6
4	2	9	8	1	6	7	3	5
3	1	5	9	8	7	6	4	2
6	7	2	4	3	1	8	5	9
9	8	4	6	2	5	3	7	1

No. 34

1	3	6	4	2	8	7	5	9
9	8	7	5	3	6	4	1	2
4	2	5	1	9	7	6	3	8
6	5	3	2	7	1	9	8	4
7	4	8	6	5	9	1	2	3
2	9	1	3	8	4	5	7	6
8	1	9	7	6	3	2	4	5
5	6	4	8	1	2	3	9	7
3	7	2	9	4	5	8	6	1

No. 35

8	4	9	7	6	5	3	2	1
3	6	2	4	9	1	7	8	5
5	7	1	2	3	8	9	6	4
6	9	5	8	2	7	1	4	3
4	8	3	6	1	9	5	7	2
2	1	7	5	4	3	6	9	8
1	2	4	3	7	6	8	5	9
9	5	6	1	8	2	4	3	7
7	3	8	9	5	4	2	1	6

No. 36

8	5	3	1	2	7	6	4	9
9	7	2	6	4	3	5	1	8
1	4	6	5	9	8	3	7	2
4	8	9	3	5	1	2	6	7
5	6	1	2	7	9	8	3	4
3	2	7	4	8	6	1	9	5
7	1	8	9	3	2	4	5	6
6	9	5	8	1	4	7	2	3
2	3	4	7	6	5	9	8	1

No. 37

4	3	2	6	1	8	9	5	7
1	9	7	5	3	4	6	8	2
6	5	8	9	2	7	4	3	1
5	2	1	3	4	9	8	7	6
7	8	4	2	6	1	3	9	5
3	6	9	8	7	5	1	2	4
8	4	6	7	9	2	5	1	3
2	1	5	4	8	3	7	6	9
9	7	3	1	5	6	2	4	8

No. 38

3	2	1	8	9	4	6	5	7
9	7	6	5	2	1	3	4	8
8	4	5	7	3	6	9	1	2
2	8	4	9	5	3	7	6	1
6	1	9	2	4	7	5	8	3
5	3	7	1	6	8	2	9	4
4	9	8	6	7	2	1	3	5
1	6	2	3	8	5	4	7	9
7	5	3	4	1	9	8	2	6

No. 39

9	2	4	6	8	5	3	1	7
8	6	5	3	1	7	4	2	9
7	3	1	4	9	2	5	6	8
4	1	6	5	7	8	9	3	2
3	7	9	2	4	1	8	5	6
2	5	8	9	6	3	1	7	4
5	4	7	1	2	9	6	8	3
6	8	3	7	5	4	2	9	1
1	9	2	8	3	6	7	4	5

No. 40

5	2	4	8	7	3	6	1	9
6	9	1	4	5	2	7	3	8
8	3	7	9	1	6	2	4	5
1	8	3	2	9	7	5	6	4
4	7	2	5	6	1	8	9	3
9	5	6	3	4	8	1	7	2
7	4	8	6	3	5	9	2	1
2	1	9	7	8	4	3	5	6
3	6	5	1	2	9	4	8	7

No. 41

5	7	8	1	4	3	9	6	2
4	6	3	8	2	9	5	1	7
9	1	2	6	5	7	4	3	8
1	4	7	3	8	2	6	9	5
6	3	9	7	1	5	2	8	4
8	2	5	9	6	4	1	7	3
7	5	6	4	9	8	3	2	1
2	8	1	5	3	6	7	4	9
3	9	4	2	7	1	8	5	6

No. 42

9	6	5	8	4	2	7	3	1
1	3	2	6	5	7	9	4	8
4	8	7	9	3	1	5	2	6
8	2	9	3	1	4	6	5	7
3	5	6	7	8	9	2	1	4
7	4	1	5	2	6	3	8	9
6	1	3	2	9	8	4	7	5
5	9	4	1	7	3	8	6	2
2	7	8	4	6	5	1	9	3

No. 43

6	4	9	5	2	3	8	1	7
8	5	1	4	7	9	3	6	2
3	7	2	8	1	6	5	9	4
2	6	8	3	4	5	9	7	1
1	3	5	7	9	2	4	8	6
4	9	7	1	6	8	2	3	5
9	2	4	6	3	7	1	5	8
5	1	6	9	8	4	7	2	3
7	8	3	2	5	1	6	4	9

No. 44

8	5	7	9	6	1	4	3	2
4	3	1	5	7	2	6	9	8
9	2	6	8	4	3	1	5	7
7	9	2	6	1	5	8	4	3
5	1	8	3	2	4	7	6	9
6	4	3	7	9	8	2	1	5
2	7	9	4	5	6	3	8	1
3	6	5	1	8	7	9	2	4
1	8	4	2	3	9	5	7	6

No. 45

1	4	9	7	2	6	3	8	5
5	7	6	9	8	3	4	1	2
8	3	2	1	5	4	7	9	6
7	9	1	5	4	8	2	6	3
3	5	4	2	6	9	8	7	1
2	6	8	3	7	1	5	4	9
9	8	3	4	1	2	6	5	7
4	1	5	6	3	7	9	2	8
6	2	7	8	9	5	1	3	4

No. 46

5	8	9	1	7	6	3	4	2
3	7	4	8	5	2	6	9	1
1	6	2	4	9	3	8	7	5
2	9	8	7	6	1	4	5	3
7	3	1	5	2	4	9	8	6
6	4	5	9	3	8	2	1	7
9	1	6	3	4	5	7	2	8
4	5	3	2	8	7	1	6	9
8	2	7	6	1	9	5	3	4

No. 47

3	1	2	6	5	9	7	4	8
5	7	9	4	1	8	2	6	3
8	6	4	3	7	2	9	1	5
7	9	3	1	6	5	8	2	4
6	4	8	9	2	3	1	5	7
2	5	1	7	8	4	3	9	6
9	8	6	5	3	1	4	7	2
4	2	7	8	9	6	5	3	1
1	3	5	2	4	7	6	8	9

No. 48

5	9	2	3	1	4	7	6	8
4	3	6	8	7	9	2	5	1
7	1	8	2	6	5	3	9	4
2	8	7	5	4	6	1	3	9
9	6	1	7	8	3	5	4	2
3	5	4	9	2	1	6	8	7
1	4	3	6	9	2	8	7	5
8	2	5	4	3	7	9	1	6
6	7	9	1	5	8	4	2	3

No. 49

7	6	1	2	9	5	4	8	3
2	9	3	8	7	4	1	5	6
8	4	5	3	6	1	7	2	9
9	1	6	7	3	8	2	4	5
5	3	7	4	1	2	6	9	8
4	8	2	6	5	9	3	7	1
1	2	8	9	4	6	5	3	7
3	5	9	1	2	7	8	6	4
6	7	4	5	8	3	9	1	2

No. 50

5	3	2	7	8	9	4	1	6
9	8	4	1	5	6	2	7	3
6	7	1	2	3	4	8	9	5
7	9	5	8	2	1	3	6	4
8	2	3	4	6	7	1	5	9
1	4	6	5	9	3	7	8	2
2	1	7	6	4	5	9	3	8
4	6	9	3	1	8	5	2	7
3	5	8	9	7	2	6	4	1

No. 51

8	2	7	5	4	3	9	1	6
6	9	1	7	2	8	3	5	4
4	5	3	1	9	6	2	7	8
3	4	5	2	8	7	6	9	1
7	1	8	3	6	9	4	2	5
9	6	2	4	1	5	8	3	7
2	7	4	8	3	1	5	6	9
1	8	9	6	5	2	7	4	3
5	3	6	9	7	4	1	8	2

No. 52

9	5	4	3	8	1	7	6	2
7	1	8	2	6	9	3	4	5
2	3	6	5	7	4	9	1	8
8	2	9	7	4	6	5	3	1
5	6	7	1	2	3	8	9	4
3	4	1	9	5	8	2	7	6
4	9	2	8	1	7	6	5	3
6	7	5	4	3	2	1	8	9
1	8	3	6	9	5	4	2	7

No. 53

3	2	7	8	6	1	5	4	9
5	6	9	2	4	3	7	8	1
4	8	1	9	5	7	2	3	6
7	1	8	4	2	6	3	9	5
2	3	5	1	8	9	4	6	7
6	9	4	7	3	5	1	2	8
9	4	6	5	7	2	8	1	3
8	7	3	6	1	4	9	5	2
1	5	2	3	9	8	6	7	4

No. 54

8	3	4	6	5	9	1	2	7
5	9	7	2	1	8	6	3	4
1	6	2	3	4	7	9	5	8
6	4	3	5	7	2	8	1	9
7	5	1	9	8	3	4	6	2
9	2	8	1	6	4	5	7	3
4	1	9	7	2	6	3	8	5
2	8	6	4	3	5	7	9	1
3	7	5	8	9	1	2	4	6

No. 55

5	3	1	6	2	4	9	7	8
4	6	7	9	3	8	5	2	1
8	2	9	7	5	1	6	4	3
1	4	3	8	9	6	2	5	7
6	7	5	2	4	3	8	1	9
9	8	2	1	7	5	3	6	4
3	1	4	5	6	9	7	8	2
7	5	8	3	1	2	4	9	6
2	9	6	4	8	7	1	3	5

No. 56

5	7	9	6	2	3	1	4	8
8	1	3	7	5	4	9	2	6
4	2	6	9	1	8	7	3	5
6	4	2	5	9	7	3	8	1
7	8	1	2	3	6	4	5	9
3	9	5	8	4	1	6	7	2
9	6	8	4	7	2	5	1	3
2	3	4	1	6	5	8	9	7
1	5	7	3	8	9	2	6	4

No. 57

7	9	4	2	1	6	5	3	8
5	2	8	3	9	7	1	6	4
3	1	6	5	8	4	9	7	2
6	8	7	1	5	3	4	2	9
4	5	2	6	7	9	3	8	1
9	3	1	4	2	8	7	5	6
8	6	5	7	4	1	2	9	3
2	4	9	8	3	5	6	1	7
1	7	3	9	6	2	8	4	5

No. 58

7	4	3	2	6	8	1	9	5
5	2	6	3	1	9	8	4	7
8	1	9	5	7	4	6	2	3
3	9	2	4	5	6	7	1	8
6	5	4	1	8	7	9	3	2
1	8	7	9	3	2	4	5	6
9	3	8	6	2	1	5	7	4
4	7	5	8	9	3	2	6	1
2	6	1	7	4	5	3	8	9

No. 59

6	5	9	8	7	4	2	1	3
4	8	2	1	3	5	9	7	6
7	1	3	6	2	9	8	4	5
5	4	8	7	9	3	1	6	2
1	2	6	5	4	8	7	3	9
9	3	7	2	6	1	5	8	4
2	7	5	3	1	6	4	9	8
3	9	1	4	8	2	6	5	7
8	6	4	9	5	7	3	2	1

No. 60

6	1	2	9	5	4	3	7	8
3	7	8	2	6	1	4	5	9
9	5	4	7	8	3	2	1	6
7	2	6	4	1	5	8	9	3
1	4	3	8	9	6	5	2	7
8	9	5	3	2	7	1	6	4
5	3	9	1	7	8	6	4	2
4	6	7	5	3	2	9	8	1
2	8	1	6	4	9	7	3	5

No. 61

6	9	4	5	1	7	3	2	8
1	8	5	2	3	9	4	7	6
3	7	2	6	8	4	9	1	5
9	2	3	7	4	5	8	6	1
5	4	7	1	6	8	2	3	9
8	1	6	3	9	2	5	4	7
2	3	1	9	5	6	7	8	4
7	5	8	4	2	1	6	9	3
4	6	9	8	7	3	1	5	2

No. 62

8	2	9	1	6	4	3	5	7
5	1	7	3	2	9	6	4	8
4	3	6	8	5	7	2	1	9
6	4	2	9	8	5	7	3	1
7	9	3	2	4	1	8	6	5
1	8	5	6	7	3	9	2	4
2	7	8	4	1	6	5	9	3
3	5	4	7	9	2	1	8	6
9	6	1	5	3	8	4	7	2

No. 63

4	9	7	6	5	8	3	2	1
1	2	3	9	7	4	8	6	5
5	8	6	1	3	2	4	9	7
3	5	9	2	8	7	1	4	6
7	6	4	5	1	9	2	8	3
8	1	2	4	6	3	5	7	9
2	7	1	8	9	5	6	3	4
6	3	8	7	4	1	9	5	2
9	4	5	3	2	6	7	1	8

No. 64

4	5	8	7	1	6	9	3	2
9	3	7	4	2	8	5	1	6
1	2	6	9	3	5	7	8	4
2	8	9	5	7	4	1	6	3
6	1	3	8	9	2	4	7	5
5	7	4	3	6	1	8	2	9
8	6	1	2	4	9	3	5	7
3	9	5	6	8	7	2	4	1
7	4	2	1	5	3	6	9	8

No. 65

5	2	7	6	4	8	9	3	1
1	4	9	5	2	3	8	6	7
6	3	8	9	7	1	4	5	2
3	1	6	4	5	2	7	9	8
8	7	5	1	9	6	3	2	4
4	9	2	3	8	7	6	1	5
2	5	3	7	6	4	1	8	9
9	6	4	8	1	5	2	7	3
7	8	1	2	3	9	5	4	6

No. 66

1	2	9	6	7	4	5	3	8
8	4	3	5	9	2	7	1	6
6	5	7	3	8	1	2	9	4
4	8	6	7	3	9	1	2	5
5	7	1	4	2	8	3	6	9
9	3	2	1	6	5	4	8	7
3	6	4	9	1	7	8	5	2
2	9	5	8	4	3	6	7	1
7	1	8	2	5	6	9	4	3

No. 67

8	5	9	7	3	4	6	1	2
7	1	2	9	5	6	3	8	4
4	6	3	2	1	8	7	5	9
9	4	6	1	8	7	5	2	3
2	7	5	3	6	9	1	4	8
3	8	1	5	4	2	9	6	7
5	9	8	6	2	3	4	7	1
6	2	7	4	9	1	8	3	5
1	3	4	8	7	5	2	9	6

No. 68

6	5	3	2	4	9	7	1	8
8	2	4	1	7	3	5	9	6
9	1	7	6	8	5	2	4	3
3	7	6	9	5	4	8	2	1
1	4	8	7	3	2	6	5	9
5	9	2	8	1	6	3	7	4
7	3	5	4	6	1	9	8	2
2	8	1	3	9	7	4	6	5
4	6	9	5	2	8	1	3	7

No. 69

1	5	9	3	8	6	4	7	2
6	3	7	2	4	1	5	9	8
8	4	2	5	9	7	6	1	3
4	8	3	7	1	5	9	2	6
9	7	5	6	2	8	1	3	4
2	1	6	4	3	9	8	5	7
3	9	4	1	6	2	7	8	5
7	2	1	8	5	4	3	6	9
5	6	8	9	7	3	2	4	1

No. 70

5	7	4	3	1	6	2	8	9
2	6	9	8	7	5	3	4	1
1	3	8	9	4	2	7	6	5
9	8	2	5	3	4	6	1	7
7	5	3	1	6	8	9	2	4
4	1	6	7	2	9	5	3	8
8	9	1	6	5	3	4	7	2
3	4	5	2	8	7	1	9	6
6	2	7	4	9	1	8	5	3

No. 71

3	9	5	1	7	8	2	4	6
1	4	6	2	5	3	9	7	8
7	8	2	9	6	4	5	3	1
6	3	1	8	2	7	4	5	9
9	5	7	6	4	1	3	8	2
8	2	4	5	3	9	1	6	7
2	1	3	4	8	6	7	9	5
4	6	9	7	1	5	8	2	3
5	7	8	3	9	2	6	1	4

No. 72

3	7	6	4	5	9	2	1	8
5	4	9	1	2	8	3	6	7
1	2	8	3	7	6	4	5	9
4	6	5	7	3	1	8	9	2
2	8	3	9	6	5	7	4	1
7	9	1	8	4	2	6	3	5
8	1	2	6	9	3	5	7	4
9	3	4	5	8	7	1	2	6
6	5	7	2	1	4	9	8	3

No. 73

2	1	6	4	5	7	9	8	3
8	3	7	9	2	1	5	4	6
4	5	9	3	6	8	7	1	2
3	2	4	5	1	6	8	7	9
5	7	1	2	8	9	6	3	4
6	9	8	7	3	4	1	2	5
7	4	2	1	9	5	3	6	8
1	6	5	8	4	3	2	9	7
9	8	3	6	7	2	4	5	1

No. 74

9	8	7	3	1	6	2	4	5
2	5	6	4	8	7	1	9	3
1	3	4	5	9	2	8	6	7
7	1	5	9	2	3	6	8	4
3	4	8	7	6	1	9	5	2
6	2	9	8	5	4	3	7	1
4	7	2	6	3	9	5	1	8
5	9	3	1	7	8	4	2	6
8	6	1	2	4	5	7	3	9

No. 75

1	6	5	2	3	7	8	4	9
7	9	2	4	8	6	1	3	5
4	8	3	9	1	5	7	2	6
9	3	4	5	7	8	6	1	2
6	5	1	3	9	2	4	7	8
8	2	7	6	4	1	5	9	3
3	7	8	1	6	9	2	5	4
2	1	9	8	5	4	3	6	7
5	4	6	7	2	3	9	8	1

No. 76

7	3	6	8	5	1	2	4	9
4	1	9	2	3	7	6	5	8
5	8	2	9	6	4	1	7	3
8	7	1	4	9	2	3	6	5
6	9	3	7	1	5	8	2	4
2	4	5	3	8	6	7	9	1
3	6	4	5	2	8	9	1	7
9	2	7	1	4	3	5	8	6
1	5	8	6	7	9	4	3	2

No. 77

6	9	3	8	4	7	1	5	2
5	1	8	2	6	3	9	7	4
4	7	2	9	5	1	3	8	6
8	4	9	1	7	6	5	2	3
3	5	1	4	2	8	6	9	7
2	6	7	5	3	9	4	1	8
7	2	6	3	9	5	8	4	1
9	8	4	6	1	2	7	3	5
1	3	5	7	8	4	2	6	9

No. 78

4	1	5	2	7	3	9	6	8
3	6	9	4	8	1	5	7	2
2	8	7	9	6	5	1	3	4
9	7	8	6	4	2	3	5	1
1	5	2	7	3	9	4	8	6
6	4	3	1	5	8	2	9	7
7	3	1	8	9	4	6	2	5
5	2	6	3	1	7	8	4	9
8	9	4	5	2	6	7	1	3

No. 79

1	3	9	4	8	7	2	5	6
6	5	8	3	1	2	9	7	4
4	7	2	6	5	9	3	1	8
3	9	6	8	7	5	4	2	1
8	4	7	1	2	6	5	3	9
2	1	5	9	4	3	8	6	7
5	2	1	7	9	8	6	4	3
7	8	3	5	6	4	1	9	2
9	6	4	2	3	1	7	8	5

No. 80

8	5	1	4	9	7	6	3	2
7	4	2	6	1	3	5	9	8
9	3	6	2	5	8	4	7	1
4	7	8	9	6	2	3	1	5
3	1	9	5	8	4	7	2	6
6	2	5	3	7	1	8	4	9
1	6	3	8	4	9	2	5	7
2	8	7	1	3	5	9	6	4
5	9	4	7	2	6	1	8	3

No. 81

9	1	4	3	2	8	5	7	6
8	2	6	7	5	1	9	4	3
3	7	5	6	9	4	1	2	8
7	5	3	4	6	2	8	1	9
4	9	2	8	1	3	7	6	5
6	8	1	9	7	5	4	3	2
2	4	9	5	3	7	6	8	1
1	6	8	2	4	9	3	5	7
5	3	7	1	8	6	2	9	4

No. 82

6	2	4	7	1	9	5	3	8
1	7	8	4	3	5	2	9	6
5	9	3	8	2	6	1	7	4
4	1	2	6	7	3	9	8	5
8	5	6	2	9	1	3	4	7
9	3	7	5	4	8	6	2	1
7	4	5	9	6	2	8	1	3
3	8	9	1	5	4	7	6	2
2	6	1	3	8	7	4	5	9

No. 83

7	3	1	2	5	8	9	6	4
4	6	2	3	9	7	8	1	5
8	9	5	4	1	6	2	3	7
2	4	3	7	6	5	1	9	8
5	1	9	8	3	2	7	4	6
6	8	7	9	4	1	3	5	2
1	7	4	6	2	3	5	8	9
9	5	8	1	7	4	6	2	3
3	2	6	5	8	9	4	7	1

No. 84

8	2	4	5	6	9	3	1	7
3	1	6	7	4	2	8	9	5
7	9	5	1	3	8	4	6	2
9	6	8	2	5	3	7	4	1
5	4	2	8	1	7	9	3	6
1	3	7	6	9	4	2	5	8
6	7	9	3	2	1	5	8	4
2	5	3	4	8	6	1	7	9
4	8	1	9	7	5	6	2	3

No. 85

3	5	7	8	9	6	2	1	4
2	8	4	7	1	5	3	9	6
9	1	6	4	2	3	8	5	7
6	2	5	3	8	1	4	7	9
1	7	3	2	4	9	6	8	5
4	9	8	5	6	7	1	3	2
7	6	1	9	3	4	5	2	8
8	4	9	1	5	2	7	6	3
5	3	2	6	7	8	9	4	1

No. 86

5	8	3	6	7	9	2	4	1
9	7	1	4	8	2	3	5	6
6	2	4	1	5	3	7	9	8
7	3	5	8	2	4	1	6	9
8	1	6	9	3	5	4	2	7
2	4	9	7	1	6	8	3	5
1	9	2	5	4	8	6	7	3
3	6	7	2	9	1	5	8	4
4	5	8	3	6	7	9	1	2

No. 87

3	9	1	2	4	6	5	8	7
5	7	8	9	1	3	4	2	6
6	2	4	8	5	7	1	9	3
7	6	9	1	2	4	3	5	8
8	5	3	6	7	9	2	4	1
1	4	2	5	3	8	7	6	9
2	8	7	4	9	1	6	3	5
9	3	5	7	6	2	8	1	4
4	1	6	3	8	5	9	7	2

No. 88

4	8	5	9	7	1	6	3	2
6	2	9	3	4	5	7	8	1
1	3	7	6	2	8	5	4	9
2	5	3	7	9	4	8	1	6
9	7	1	2	8	6	3	5	4
8	4	6	1	5	3	9	2	7
7	6	4	5	3	2	1	9	8
3	1	2	8	6	9	4	7	5
5	9	8	4	1	7	2	6	3

No. 89

2	8	6	9	3	1	5	4	7
9	7	3	5	4	8	6	2	1
5	1	4	7	2	6	8	9	3
1	6	9	2	5	7	4	3	8
7	4	2	8	1	3	9	5	6
8	3	5	4	6	9	1	7	2
3	2	8	1	9	5	7	6	4
6	9	1	3	7	4	2	8	5
4	5	7	6	8	2	3	1	9

No. 90

3	6	7	8	9	4	1	5	2
4	2	5	3	6	1	8	9	7
8	1	9	2	7	5	6	4	3
9	3	2	4	1	6	7	8	5
5	8	1	9	3	7	4	2	6
6	7	4	5	8	2	9	3	1
2	4	6	1	5	9	3	7	8
7	9	3	6	2	8	5	1	4
1	5	8	7	4	3	2	6	9

No. 91

8	6	2	4	9	5	7	1	3
7	3	5	1	2	8	6	9	4
4	1	9	6	3	7	2	8	5
9	7	3	2	8	6	4	5	1
5	4	6	7	1	9	8	3	2
2	8	1	5	4	3	9	7	6
3	2	4	8	7	1	5	6	9
6	9	7	3	5	2	1	4	8
1	5	8	9	6	4	3	2	7

No. 92

3	5	6	9	8	1	4	2	7
1	9	4	7	5	2	8	6	3
8	7	2	3	6	4	1	5	9
9	3	8	2	7	5	6	4	1
4	6	5	1	3	9	7	8	2
2	1	7	6	4	8	3	9	5
7	8	3	5	2	6	9	1	4
6	2	9	4	1	3	5	7	8
5	4	1	8	9	7	2	3	6

No. 93

7	2	3	1	5	4	8	6	9
4	9	1	2	6	8	5	7	3
8	5	6	3	9	7	2	4	1
9	1	4	6	2	5	7	3	8
5	3	8	9	7	1	6	2	4
6	7	2	8	4	3	9	1	5
3	6	7	5	1	9	4	8	2
2	8	9	4	3	6	1	5	7
1	4	5	7	8	2	3	9	6

No. 94

2	8	1	6	4	7	3	5	9
3	4	6	2	5	9	1	8	7
9	5	7	3	8	1	4	6	2
5	6	8	1	9	4	7	2	3
7	3	4	5	6	2	9	1	8
1	2	9	7	3	8	5	4	6
8	7	5	9	1	6	2	3	4
6	9	3	4	2	5	8	7	1
4	1	2	8	7	3	6	9	5

No. 95

4	7	6	3	9	2	5	8	1
3	1	5	6	8	4	9	2	7
9	8	2	5	1	7	3	6	4
6	2	7	9	3	5	4	1	8
8	3	9	4	6	1	7	5	2
1	5	4	7	2	8	6	3	9
7	9	8	2	5	6	1	4	3
5	4	1	8	7	3	2	9	6
2	6	3	1	4	9	8	7	5

No. 96

4	9	8	1	6	2	7	3	5
6	3	5	8	7	9	4	1	2
1	2	7	3	5	4	9	6	8
7	8	9	2	4	3	1	5	6
3	5	1	6	8	7	2	4	9
2	4	6	9	1	5	8	7	3
9	7	2	4	3	6	5	8	1
5	1	3	7	2	8	6	9	4
8	6	4	5	9	1	3	2	7

No. 97

8	3	5	9	6	7	1	2	4
2	1	4	3	5	8	7	9	6
7	6	9	4	1	2	3	8	5
1	2	7	6	8	4	9	5	3
4	9	3	7	2	5	6	1	8
5	8	6	1	9	3	2	4	7
6	7	8	2	4	1	5	3	9
9	5	1	8	3	6	4	7	2
3	4	2	5	7	9	8	6	1

No. 98

2	4	9	3	6	5	8	1	7
7	6	5	8	1	9	4	3	2
8	1	3	4	2	7	9	5	6
4	9	6	2	7	1	3	8	5
5	7	8	9	3	4	6	2	1
1	3	2	6	5	8	7	9	4
3	8	7	5	4	2	1	6	9
6	2	4	1	9	3	5	7	8
9	5	1	7	8	6	2	4	3

No. 99

5	3	7	4	2	1	9	8	6
9	6	1	8	3	7	2	5	4
4	2	8	6	5	9	7	1	3
3	1	4	9	7	6	8	2	5
6	9	5	3	8	2	4	7	1
8	7	2	5	1	4	3	6	9
1	5	3	2	9	8	6	4	7
2	4	9	7	6	5	1	3	8
7	8	6	1	4	3	5	9	2

No. 100

9	6	7	1	3	8	2	4	5
2	3	4	7	6	5	9	1	8
5	8	1	9	4	2	7	3	6
3	7	5	4	2	6	1	8	9
4	1	8	3	5	9	6	2	7
6	9	2	8	7	1	3	5	4
1	4	3	6	8	7	5	9	2
7	5	9	2	1	4	8	6	3
8	2	6	5	9	3	4	7	1

No. 101

3	2	6	4	5	1	8	9	7
4	9	1	8	2	7	3	5	6
5	7	8	9	6	3	2	4	1
6	8	4	5	9	2	1	7	3
7	3	9	1	4	8	6	2	5
2	1	5	7	3	6	4	8	9
9	6	3	2	7	4	5	1	8
1	4	7	3	8	5	9	6	2
8	5	2	6	1	9	7	3	4

No. 102

9	1	3	8	2	5	7	4	6
5	6	7	3	1	4	2	8	9
4	2	8	6	7	9	3	1	5
3	7	9	4	6	8	1	5	2
8	4	2	5	9	1	6	3	7
6	5	1	2	3	7	8	9	4
7	9	4	1	8	2	5	6	3
2	8	6	9	5	3	4	7	1
1	3	5	7	4	6	9	2	8

No. 103

6	7	5	8	4	3	2	1	9
1	8	3	2	9	6	5	4	7
9	2	4	7	5	1	8	6	3
5	1	9	4	2	7	3	8	6
2	6	8	9	3	5	4	7	1
3	4	7	6	1	8	9	2	5
7	9	6	5	8	4	1	3	2
4	3	2	1	7	9	6	5	8
8	5	1	3	6	2	7	9	4

No. 104

9	2	3	5	8	7	1	4	6
7	8	6	2	1	4	5	9	3
5	4	1	9	6	3	8	2	7
3	9	4	1	7	5	6	8	2
8	5	2	3	4	6	9	7	1
1	6	7	8	9	2	3	5	4
4	7	8	6	3	9	2	1	5
2	3	9	7	5	1	4	6	8
6	1	5	4	2	8	7	3	9

No. 105

5	9	6	2	3	4	1	8	7
4	8	7	5	6	1	9	2	3
2	1	3	9	7	8	6	4	5
3	4	1	8	2	9	5	7	6
7	6	9	3	4	5	8	1	2
8	5	2	6	1	7	4	3	9
9	2	4	7	8	6	3	5	1
6	7	8	1	5	3	2	9	4
1	3	5	4	9	2	7	6	8

No. 106

8	7	4	6	9	3	1	5	2
1	2	6	4	8	5	7	3	9
3	9	5	7	2	1	6	8	4
5	8	2	9	1	7	4	6	3
9	6	7	8	3	4	2	1	5
4	1	3	2	5	6	8	9	7
2	5	9	1	4	8	3	7	6
7	3	1	5	6	2	9	4	8
6	4	8	3	7	9	5	2	1

No. 107

6	5	3	7	4	1	2	9	8
9	2	1	5	6	8	7	3	4
7	8	4	3	9	2	6	5	1
4	7	2	6	5	3	1	8	9
8	1	6	4	2	9	3	7	5
3	9	5	1	8	7	4	6	2
2	3	7	8	1	5	9	4	6
5	6	9	2	3	4	8	1	7
1	4	8	9	7	6	5	2	3

No. 108

8	2	7	1	4	3	9	6	5
6	5	9	2	8	7	3	4	1
3	1	4	9	6	5	2	7	8
5	6	3	4	2	9	1	8	7
7	9	1	6	3	8	4	5	2
4	8	2	7	5	1	6	3	9
2	3	8	5	9	4	7	1	6
1	4	6	8	7	2	5	9	3
9	7	5	3	1	6	8	2	4

No. 109

5	1	3	6	9	8	2	7	4
6	4	2	1	3	7	8	9	5
9	8	7	5	4	2	1	6	3
2	7	9	8	5	6	4	3	1
1	5	6	3	2	4	9	8	7
8	3	4	7	1	9	5	2	6
4	2	5	9	6	3	7	1	8
7	6	1	2	8	5	3	4	9
3	9	8	4	7	1	6	5	2

No. 110

6	8	7	2	5	9	1	3	4
4	1	9	3	7	8	5	2	6
2	3	5	6	1	4	9	7	8
5	9	1	4	2	3	8	6	7
7	4	6	9	8	5	2	1	3
8	2	3	1	6	7	4	9	5
1	7	2	8	4	6	3	5	9
3	5	4	7	9	2	6	8	1
9	6	8	5	3	1	7	4	2

No. 111

9	6	4	5	2	7	8	1	3
8	5	2	3	1	4	7	9	6
3	1	7	9	8	6	5	2	4
5	3	8	1	6	9	2	4	7
4	7	6	8	5	2	1	3	9
2	9	1	4	7	3	6	5	8
1	4	5	7	3	8	9	6	2
7	2	9	6	4	1	3	8	5
6	8	3	2	9	5	4	7	1

No. 112

5	3	1	9	8	7	4	6	2
9	4	7	2	5	6	1	3	8
8	2	6	3	1	4	9	5	7
2	8	9	5	6	3	7	1	4
6	5	4	1	7	2	8	9	3
7	1	3	8	4	9	5	2	6
3	9	8	4	2	1	6	7	5
4	6	2	7	9	5	3	8	1
1	7	5	6	3	8	2	4	9

No. 113

7	3	4	5	6	9	2	1	8
2	5	6	8	7	1	9	3	4
9	1	8	3	4	2	6	5	7
1	8	2	6	3	7	5	4	9
3	4	5	9	2	8	1	7	6
6	9	7	1	5	4	8	2	3
4	6	1	2	9	3	7	8	5
8	7	9	4	1	5	3	6	2
5	2	3	7	8	6	4	9	1

No. 114

4	6	5	9	7	1	8	2	3
8	1	9	3	6	2	5	7	4
3	2	7	4	8	5	1	9	6
5	3	2	7	9	4	6	8	1
1	9	8	2	3	6	4	5	7
6	7	4	5	1	8	9	3	2
2	5	1	8	4	3	7	6	9
9	4	3	6	5	7	2	1	8
7	8	6	1	2	9	3	4	5

No. 115

9	8	5	3	1	2	4	7	6
4	1	7	9	8	6	5	3	2
6	2	3	4	7	5	1	8	9
1	5	4	6	2	8	3	9	7
3	7	6	1	5	9	2	4	8
2	9	8	7	3	4	6	5	1
8	6	1	5	9	3	7	2	4
7	3	9	2	4	1	8	6	5
5	4	2	8	6	7	9	1	3

No. 116

1	8	6	5	3	4	9	7	2
4	7	2	6	1	9	5	3	8
3	5	9	2	7	8	6	1	4
5	1	8	3	9	7	2	4	6
6	2	4	8	5	1	7	9	3
7	9	3	4	6	2	8	5	1
9	3	7	1	8	6	4	2	5
8	4	1	9	2	5	3	6	7
2	6	5	7	4	3	1	8	9

No. 117

1	6	8	3	4	9	2	7	5
5	7	9	2	6	1	3	4	8
3	2	4	5	7	8	6	1	9
7	9	3	1	8	2	5	6	4
6	1	5	4	9	3	7	8	2
4	8	2	6	5	7	9	3	1
9	4	6	8	3	5	1	2	7
2	3	7	9	1	4	8	5	6
8	5	1	7	2	6	4	9	3

No. 118

7	9	5	2	6	8	4	3	1
6	8	4	1	7	3	9	2	5
3	1	2	9	4	5	7	8	6
4	3	8	7	9	6	1	5	2
9	7	1	5	8	2	6	4	3
5	2	6	4	3	1	8	9	7
2	6	9	8	5	7	3	1	4
1	4	3	6	2	9	5	7	8
8	5	7	3	1	4	2	6	9

No. 119

7	4	9	8	2	3	5	1	6
5	8	1	7	6	4	3	9	2
6	2	3	9	1	5	4	8	7
8	6	2	5	4	7	9	3	1
3	7	5	1	8	9	2	6	4
1	9	4	6	3	2	7	5	8
9	3	6	2	7	1	8	4	5
4	1	7	3	5	8	6	2	9
2	5	8	4	9	6	1	7	3

No. 120

3	2	4	9	1	5	8	6	7
8	9	5	2	7	6	4	1	3
6	1	7	4	3	8	2	9	5
9	5	1	8	2	7	6	3	4
7	3	8	6	4	1	9	5	2
4	6	2	3	5	9	1	7	8
1	4	3	5	6	2	7	8	9
5	8	6	7	9	4	3	2	1
2	7	9	1	8	3	5	4	6

No. 121

4	9	3	2	7	6	8	1	5
5	7	1	8	9	4	6	3	2
8	6	2	5	3	1	4	9	7
3	4	9	6	2	8	7	5	1
6	2	5	1	4	7	3	8	9
7	1	8	9	5	3	2	6	4
1	5	4	3	6	2	9	7	8
9	3	7	4	8	5	1	2	6
2	8	6	7	1	9	5	4	3

No. 122

6	4	7	5	8	1	9	2	3
9	1	3	7	4	2	5	6	8
2	8	5	6	3	9	4	1	7
1	6	2	3	7	5	8	9	4
7	3	9	8	2	4	1	5	6
4	5	8	9	1	6	3	7	2
5	9	4	2	6	3	7	8	1
3	7	6	1	9	8	2	4	5
8	2	1	4	5	7	6	3	9

No. 123

8	3	9	4	1	2	5	7	6
1	5	6	7	9	3	8	4	2
7	4	2	5	6	8	9	1	3
5	2	8	1	7	4	3	6	9
9	7	4	3	2	6	1	5	8
6	1	3	8	5	9	4	2	7
2	6	5	9	3	1	7	8	4
3	8	7	6	4	5	2	9	1
4	9	1	2	8	7	6	3	5

No. 124

6	5	8	4	9	2	1	3	7
3	1	4	7	8	5	2	6	9
2	9	7	1	6	3	8	5	4
4	6	9	8	3	7	5	2	1
8	3	5	2	1	9	7	4	6
7	2	1	5	4	6	3	9	8
9	7	2	6	5	8	4	1	3
5	4	3	9	7	1	6	8	2
1	8	6	3	2	4	9	7	5

No. 125

9	8	1	3	6	4	5	2	7
3	6	7	5	9	2	4	8	1
2	5	4	1	7	8	9	6	3
4	9	5	7	3	6	8	1	2
8	7	6	4	2	1	3	5	9
1	2	3	9	8	5	6	7	4
5	1	9	6	4	7	2	3	8
7	4	2	8	5	3	1	9	6
6	3	8	2	1	9	7	4	5

No. 126

8	3	2	5	1	7	6	4	9
6	1	5	9	3	4	7	8	2
4	9	7	2	8	6	5	1	3
7	4	8	3	6	1	2	9	5
1	2	9	4	7	5	3	6	8
5	6	3	8	9	2	4	7	1
3	5	1	7	4	9	8	2	6
2	7	6	1	5	8	9	3	4
9	8	4	6	2	3	1	5	7

No. 127

3	2	9	5	8	4	7	6	1
1	8	7	9	2	6	3	4	5
4	6	5	1	3	7	2	9	8
6	7	1	8	4	9	5	2	3
2	9	4	7	5	3	1	8	6
5	3	8	2	6	1	9	7	4
9	4	6	3	7	5	8	1	2
7	5	2	6	1	8	4	3	9
8	1	3	4	9	2	6	5	7

No. 128

7	1	8	2	6	4	3	9	5
5	6	4	1	9	3	7	8	2
9	3	2	7	5	8	6	1	4
3	7	9	4	8	5	2	6	1
4	8	5	6	1	2	9	7	3
6	2	1	9	3	7	4	5	8
8	5	6	3	2	9	1	4	7
1	4	3	8	7	6	5	2	9
2	9	7	5	4	1	8	3	6

No. 129

1	6	7	9	5	3	4	2	8
8	9	5	2	1	4	6	7	3
3	2	4	6	8	7	5	9	1
6	4	3	1	9	2	7	8	5
9	1	2	8	7	5	3	6	4
5	7	8	3	4	6	2	1	9
7	3	1	4	6	8	9	5	2
4	5	9	7	2	1	8	3	6
2	8	6	5	3	9	1	4	7

No. 130

9	6	1	5	8	7	3	2	4
7	2	8	4	9	3	1	6	5
4	5	3	2	6	1	8	7	9
2	1	7	3	4	9	6	5	8
3	9	5	6	2	8	7	4	1
6	8	4	1	7	5	2	9	3
5	7	6	8	1	4	9	3	2
1	3	2	9	5	6	4	8	7
8	4	9	7	3	2	5	1	6

No. 131

1	6	4	2	7	5	3	9	8
5	7	3	4	9	8	2	1	6
9	2	8	6	1	3	5	7	4
4	5	9	3	2	1	8	6	7
8	1	6	5	4	7	9	2	3
7	3	2	8	6	9	4	5	1
2	4	7	9	8	6	1	3	5
3	8	1	7	5	2	6	4	9
6	9	5	1	3	4	7	8	2

No. 132

3	2	9	5	8	1	6	7	4
4	1	5	9	6	7	8	2	3
8	6	7	3	2	4	1	9	5
5	4	1	2	7	9	3	6	8
7	8	2	6	1	3	4	5	9
9	3	6	4	5	8	7	1	2
2	5	3	1	4	6	9	8	7
1	9	8	7	3	5	2	4	6
6	7	4	8	9	2	5	3	1

No. 133

9	6	5	3	8	1	4	2	7
4	8	3	2	7	6	1	5	9
1	7	2	4	9	5	8	6	3
5	4	6	9	1	8	7	3	2
7	2	8	6	3	4	9	1	5
3	1	9	5	2	7	6	8	4
8	9	1	7	5	3	2	4	6
6	3	7	8	4	2	5	9	1
2	5	4	1	6	9	3	7	8

No. 134

2	4	9	7	1	3	5	6	8
7	5	1	8	9	6	3	4	2
6	3	8	5	4	2	9	7	1
9	1	3	4	7	8	2	5	6
4	8	6	2	5	9	1	3	7
5	2	7	3	6	1	4	8	9
1	6	5	9	8	4	7	2	3
8	7	2	1	3	5	6	9	4
3	9	4	6	2	7	8	1	5

No. 135

4	7	9	5	6	1	8	3	2
8	5	6	2	3	9	4	7	1
2	3	1	8	4	7	6	9	5
5	1	8	4	7	2	9	6	3
6	2	4	9	5	3	1	8	7
7	9	3	6	1	8	5	2	4
3	6	7	1	8	5	2	4	9
9	8	5	3	2	4	7	1	6
1	4	2	7	9	6	3	5	8

No. 136

4	7	3	1	9	2	5	6	8
8	2	1	5	7	6	9	4	3
9	5	6	4	3	8	2	7	1
1	9	2	7	5	4	3	8	6
6	3	7	9	8	1	4	5	2
5	8	4	6	2	3	1	9	7
3	4	5	2	6	7	8	1	9
7	1	8	3	4	9	6	2	5
2	6	9	8	1	5	7	3	4

No. 137

4	6	7	8	9	5	3	1	2
2	8	3	1	4	7	5	9	6
9	5	1	6	3	2	4	8	7
6	7	5	2	8	3	1	4	9
8	2	9	5	1	4	6	7	3
1	3	4	9	7	6	8	2	5
3	9	6	4	2	1	7	5	8
7	4	8	3	5	9	2	6	1
5	1	2	7	6	8	9	3	4

No. 138

9	6	2	8	1	4	5	3	7
7	4	1	3	9	5	6	2	8
5	8	3	7	2	6	1	4	9
6	3	7	2	8	9	4	1	5
4	1	5	6	7	3	9	8	2
8	2	9	5	4	1	7	6	3
2	9	6	1	5	8	3	7	4
3	7	4	9	6	2	8	5	1
1	5	8	4	3	7	2	9	6

No. 139

8	7	4	6	5	2	9	3	1
6	5	1	3	4	9	2	8	7
9	2	3	8	7	1	6	4	5
3	9	6	2	8	5	1	7	4
2	4	8	1	6	7	3	5	9
7	1	5	9	3	4	8	6	2
1	6	7	4	2	3	5	9	8
4	3	2	5	9	8	7	1	6
5	8	9	7	1	6	4	2	3

No. 140

2	4	6	9	8	5	3	1	7
7	3	8	6	1	2	5	4	9
9	1	5	3	7	4	6	8	2
6	9	1	7	4	3	8	2	5
4	8	7	2	5	9	1	6	3
5	2	3	8	6	1	9	7	4
3	6	4	1	9	7	2	5	8
1	7	2	5	3	8	4	9	6
8	5	9	4	2	6	7	3	1

No. 141

3	6	4	9	2	7	1	5	8
9	1	2	6	8	5	7	3	4
8	5	7	4	3	1	9	2	6
2	8	6	7	5	3	4	9	1
7	3	5	1	4	9	8	6	2
4	9	1	8	6	2	5	7	3
1	2	9	3	7	4	6	8	5
5	7	8	2	1	6	3	4	9
6	4	3	5	9	8	2	1	7

No. 142

1	6	9	8	7	2	4	3	5
7	5	8	9	3	4	2	6	1
3	4	2	1	6	5	7	8	9
5	9	1	2	8	6	3	4	7
4	2	3	7	1	9	6	5	8
6	8	7	4	5	3	9	1	2
9	3	6	5	2	1	8	7	4
2	7	5	6	4	8	1	9	3
8	1	4	3	9	7	5	2	6

No. 143

3	9	2	5	8	4	1	6	7
1	7	8	6	9	2	4	3	5
6	5	4	3	1	7	9	8	2
4	6	7	2	3	8	5	9	1
2	3	5	9	7	1	8	4	6
8	1	9	4	5	6	7	2	3
5	8	6	1	2	9	3	7	4
9	4	1	7	6	3	2	5	8
7	2	3	8	4	5	6	1	9

No. 144

3	2	7	8	5	4	1	6	9
8	1	9	2	3	6	4	7	5
5	6	4	1	9	7	3	2	8
7	4	6	5	2	3	9	8	1
1	3	5	9	7	8	2	4	6
9	8	2	6	4	1	7	5	3
6	7	3	4	8	9	5	1	2
2	9	1	7	6	5	8	3	4
4	5	8	3	1	2	6	9	7

No. 145

4	9	2	8	5	7	6	3	1
3	7	8	2	6	1	9	4	5
5	1	6	4	3	9	7	8	2
2	6	1	3	9	8	5	7	4
9	4	5	7	1	6	8	2	3
8	3	7	5	4	2	1	9	6
7	5	3	1	8	4	2	6	9
6	2	4	9	7	5	3	1	8
1	8	9	6	2	3	4	5	7

No. 146

2	4	5	1	6	3	7	9	8
7	6	3	2	9	8	5	4	1
1	9	8	4	5	7	6	3	2
6	2	4	9	7	1	3	8	5
8	5	7	3	2	4	9	1	6
3	1	9	5	8	6	2	7	4
9	3	6	8	1	2	4	5	7
5	8	2	7	4	9	1	6	3
4	7	1	6	3	5	8	2	9

No. 147

3	2	5	1	4	7	8	9	6
4	6	9	5	8	2	7	3	1
8	1	7	3	9	6	4	2	5
2	9	3	8	6	4	5	1	7
7	4	1	2	3	5	9	6	8
5	8	6	7	1	9	3	4	2
9	7	4	6	2	8	1	5	3
6	3	8	4	5	1	2	7	9
1	5	2	9	7	3	6	8	4

No. 148

9	8	1	7	3	5	2	6	4
5	4	6	1	9	2	8	3	7
2	7	3	8	6	4	9	1	5
6	9	7	2	4	8	3	5	1
1	2	5	6	7	3	4	9	8
8	3	4	9	5	1	7	2	6
4	1	9	5	2	7	6	8	3
7	6	8	3	1	9	5	4	2
3	5	2	4	8	6	1	7	9

No. 149

1	9	5	7	4	6	2	3	8
7	3	6	8	2	9	1	4	5
2	8	4	1	5	3	7	9	6
9	7	3	4	8	2	5	6	1
6	1	8	5	3	7	4	2	9
4	5	2	9	6	1	8	7	3
5	2	9	6	1	4	3	8	7
3	6	1	2	7	8	9	5	4
8	4	7	3	9	5	6	1	2

No. 150

6	1	7	3	4	9	2	5	8
8	4	9	5	2	6	3	7	1
3	5	2	7	8	1	9	6	4
4	2	3	6	5	7	8	1	9
7	8	1	4	9	3	6	2	5
5	9	6	2	1	8	7	4	3
1	3	5	9	6	2	4	8	7
9	6	8	1	7	4	5	3	2
2	7	4	8	3	5	1	9	6

No. 151

2	3	6	8	7	9	4	5	1
9	7	8	1	4	5	6	3	2
1	5	4	6	2	3	9	8	7
5	1	9	7	6	8	2	4	3
8	2	3	9	1	4	5	7	6
4	6	7	3	5	2	8	1	9
3	9	2	4	8	1	7	6	5
7	8	5	2	3	6	1	9	4
6	4	1	5	9	7	3	2	8

No. 152

4	3	1	5	6	8	7	2	9
2	9	8	4	7	3	1	5	6
7	6	5	1	2	9	8	3	4
1	8	9	3	5	4	2	6	7
6	7	4	2	9	1	3	8	5
5	2	3	6	8	7	9	4	1
9	1	6	8	3	5	4	7	2
8	5	7	9	4	2	6	1	3
3	4	2	7	1	6	5	9	8

No. 153

3	4	1	5	6	9	8	2	7
5	2	6	8	1	7	3	4	9
8	7	9	4	2	3	6	5	1
2	3	4	1	9	5	7	6	8
9	5	7	6	8	4	2	1	3
1	6	8	3	7	2	5	9	4
7	1	5	9	3	6	4	8	2
4	8	2	7	5	1	9	3	6
6	9	3	2	4	8	1	7	5

No. 154

2	6	5	7	1	9	3	4	8
4	7	3	8	6	5	9	1	2
8	9	1	2	4	3	6	7	5
9	1	7	5	2	6	4	8	3
5	3	4	9	8	7	1	2	6
6	8	2	4	3	1	7	5	9
3	4	8	6	7	2	5	9	1
7	5	6	1	9	8	2	3	4
1	2	9	3	5	4	8	6	7

No. 155

7	6	5	4	9	1	3	8	2
4	8	9	6	3	2	7	5	1
2	1	3	8	5	7	4	6	9
5	4	1	9	8	3	2	7	6
8	3	7	1	2	6	5	9	4
9	2	6	5	7	4	8	1	3
3	9	2	7	1	8	6	4	5
6	5	8	3	4	9	1	2	7
1	7	4	2	6	5	9	3	8

No. 156

5	1	8	2	3	9	6	7	4
6	2	9	7	8	4	1	5	3
4	3	7	5	1	6	9	8	2
2	5	4	6	9	8	3	1	7
9	8	6	1	7	3	2	4	5
3	7	1	4	2	5	8	6	9
7	9	3	8	4	1	5	2	6
8	6	2	3	5	7	4	9	1
1	4	5	9	6	2	7	3	8

No. 157

1	3	2	4	9	8	6	7	5
7	9	8	2	5	6	3	1	4
4	6	5	3	1	7	2	8	9
2	1	6	8	7	4	9	5	3
8	4	9	5	3	1	7	6	2
5	7	3	6	2	9	1	4	8
3	5	7	1	8	2	4	9	6
9	8	4	7	6	3	5	2	1
6	2	1	9	4	5	8	3	7

No. 158

2	4	6	5	3	9	7	1	8
1	3	9	8	4	7	2	6	5
5	7	8	6	2	1	3	4	9
9	1	4	7	8	6	5	3	2
8	6	7	3	5	2	1	9	4
3	2	5	1	9	4	6	8	7
4	8	3	2	6	5	9	7	1
7	9	2	4	1	3	8	5	6
6	5	1	9	7	8	4	2	3

No. 159

3	6	7	1	2	9	5	8	4
1	5	2	7	8	4	6	9	3
8	9	4	3	5	6	7	1	2
5	8	1	2	4	7	9	3	6
2	4	9	6	3	1	8	5	7
6	7	3	8	9	5	4	2	1
4	1	8	9	6	3	2	7	5
7	2	5	4	1	8	3	6	9
9	3	6	5	7	2	1	4	8

No. 160

5	7	6	1	4	3	9	2	8
9	1	3	8	7	2	4	5	6
2	8	4	5	9	6	7	1	3
6	2	7	9	1	8	5	3	4
4	3	8	6	2	5	1	7	9
1	9	5	7	3	4	6	8	2
3	6	2	4	5	7	8	9	1
8	5	1	2	6	9	3	4	7
7	4	9	3	8	1	2	6	5

No. 161

1	5	7	8	2	6	3	9	4
3	9	8	1	5	4	2	6	7
2	4	6	3	9	7	1	8	5
9	3	2	6	4	1	7	5	8
8	6	5	7	3	9	4	1	2
4	7	1	5	8	2	9	3	6
6	1	3	2	7	8	5	4	9
5	2	4	9	6	3	8	7	1
7	8	9	4	1	5	6	2	3

No. 162

7	5	3	6	9	8	2	4	1
6	9	1	2	7	4	5	3	8
8	2	4	1	3	5	6	9	7
2	7	6	3	1	9	4	8	5
4	3	8	7	5	2	9	1	6
5	1	9	8	4	6	7	2	3
3	4	7	9	6	1	8	5	2
9	6	2	5	8	3	1	7	4
1	8	5	4	2	7	3	6	9

No. 163

8	2	1	5	7	9	3	4	6
6	4	9	3	8	1	5	2	7
7	5	3	6	2	4	8	9	1
9	8	7	2	6	3	4	1	5
5	3	2	1	4	8	6	7	9
4	1	6	9	5	7	2	3	8
2	9	8	7	3	5	1	6	4
3	7	5	4	1	6	9	8	2
1	6	4	8	9	2	7	5	3

No. 164

1	5	2	7	9	4	8	3	6
9	3	4	8	5	6	1	7	2
7	6	8	3	1	2	9	4	5
4	9	7	2	3	8	6	5	1
6	2	5	4	7	1	3	9	8
3	8	1	9	6	5	7	2	4
8	1	9	5	4	7	2	6	3
2	4	3	6	8	9	5	1	7
5	7	6	1	2	3	4	8	9

No. 165

1	2	6	9	3	7	5	4	8
5	7	3	4	1	8	9	2	6
9	8	4	5	2	6	3	7	1
7	9	2	1	4	3	8	6	5
3	6	8	7	5	2	4	1	9
4	1	5	8	6	9	2	3	7
2	4	9	6	8	1	7	5	3
6	5	7	3	9	4	1	8	2
8	3	1	2	7	5	6	9	4

No. 166

5	2	7	9	6	8	1	3	4
9	4	1	3	7	2	5	8	6
8	6	3	5	1	4	9	2	7
2	9	4	1	8	7	6	5	3
7	5	6	4	2	3	8	1	9
3	1	8	6	9	5	4	7	2
1	3	5	7	4	6	2	9	8
4	8	9	2	3	1	7	6	5
6	7	2	8	5	9	3	4	1

No. 167

3	8	9	6	7	4	2	1	5
4	2	6	5	1	3	7	9	8
1	7	5	2	8	9	4	3	6
5	6	8	9	4	1	3	7	2
9	3	7	8	2	5	1	6	4
2	4	1	7	3	6	8	5	9
8	9	4	1	5	7	6	2	3
6	1	3	4	9	2	5	8	7
7	5	2	3	6	8	9	4	1

No. 168

5	6	8	1	4	7	3	9	2
3	4	2	9	5	8	1	6	7
9	7	1	6	2	3	5	8	4
2	8	7	3	6	1	4	5	9
4	3	9	2	8	5	7	1	6
1	5	6	4	7	9	2	3	8
6	2	5	8	3	4	9	7	1
8	1	3	7	9	2	6	4	5
7	9	4	5	1	6	8	2	3

No. 169

5	4	2	9	1	6	7	3	8
1	6	9	3	7	8	4	2	5
7	8	3	5	2	4	6	9	1
2	9	5	7	8	1	3	4	6
4	1	6	2	9	3	5	8	7
8	3	7	6	4	5	2	1	9
6	7	1	4	3	9	8	5	2
9	2	4	8	5	7	1	6	3
3	5	8	1	6	2	9	7	4

No. 170

1	9	6	2	7	8	3	5	4
4	2	5	6	3	1	9	8	7
3	8	7	5	9	4	6	2	1
2	1	3	7	4	6	8	9	5
7	4	9	3	8	5	2	1	6
5	6	8	9	1	2	7	4	3
6	3	4	8	5	9	1	7	2
9	5	2	1	6	7	4	3	8
8	7	1	4	2	3	5	6	9

No. 171

8	6	5	9	7	2	3	1	4
9	1	2	4	8	3	7	5	6
3	4	7	1	6	5	2	9	8
5	9	1	7	2	4	6	8	3
6	7	4	8	3	1	5	2	9
2	3	8	6	5	9	1	4	7
1	8	3	5	4	6	9	7	2
7	5	6	2	9	8	4	3	1
4	2	9	3	1	7	8	6	5

No. 172

7	1	4	9	2	8	5	3	6
3	9	6	5	1	7	8	2	4
2	5	8	3	4	6	1	7	9
8	6	1	4	3	2	7	9	5
4	7	5	1	6	9	3	8	2
9	2	3	8	7	5	4	6	1
6	8	2	7	5	1	9	4	3
1	3	9	2	8	4	6	5	7
5	4	7	6	9	3	2	1	8

No. 173

7	6	1	2	9	4	5	3	8
4	5	2	8	3	6	7	9	1
8	3	9	5	1	7	6	2	4
9	8	5	6	7	1	2	4	3
3	2	7	4	8	9	1	6	5
6	1	4	3	5	2	9	8	7
5	9	8	7	6	3	4	1	2
2	7	6	1	4	8	3	5	9
1	4	3	9	2	5	8	7	6

No. 174

5	2	7	8	6	3	4	1	9
8	9	1	2	5	4	3	6	7
3	4	6	9	7	1	5	2	8
2	6	3	5	4	9	7	8	1
9	5	4	1	8	7	6	3	2
7	1	8	6	3	2	9	5	4
4	8	2	3	9	6	1	7	5
6	7	5	4	1	8	2	9	3
1	3	9	7	2	5	8	4	6

No. 175

3	4	5	7	1	6	2	9	8
9	6	2	4	8	5	3	7	1
7	1	8	9	3	2	4	5	6
6	9	3	5	7	4	1	8	2
5	8	1	2	6	3	7	4	9
4	2	7	1	9	8	5	6	3
1	7	6	3	4	9	8	2	5
8	5	4	6	2	1	9	3	7
2	3	9	8	5	7	6	1	4

No. 176

7	9	3	4	2	5	6	8	1
2	8	4	6	9	1	3	7	5
5	1	6	3	8	7	4	2	9
9	5	8	1	4	6	7	3	2
6	3	7	8	5	2	9	1	4
1	4	2	9	7	3	5	6	8
3	2	9	7	1	4	8	5	6
8	6	1	5	3	9	2	4	7
4	7	5	2	6	8	1	9	3

No. 177

5	8	6	7	9	4	3	2	1
7	1	2	3	8	5	4	6	9
9	3	4	2	1	6	7	8	5
3	6	5	1	2	7	8	9	4
2	7	9	8	4	3	5	1	6
1	4	8	6	5	9	2	7	3
4	5	7	9	6	8	1	3	2
6	2	3	5	7	1	9	4	8
8	9	1	4	3	2	6	5	7

No. 178

5	7	3	1	9	4	2	8	6
4	1	6	8	2	7	9	5	3
8	2	9	3	6	5	1	4	7
3	9	5	2	7	8	6	1	4
6	8	2	9	4	1	3	7	5
1	4	7	6	5	3	8	2	9
9	5	1	4	3	2	7	6	8
7	3	8	5	1	6	4	9	2
2	6	4	7	8	9	5	3	1

No. 179

5	4	3	1	2	9	8	7	6
6	2	9	3	8	7	1	5	4
8	7	1	4	6	5	3	9	2
2	9	7	6	4	3	5	1	8
4	3	8	9	5	1	6	2	7
1	6	5	8	7	2	4	3	9
7	1	6	2	3	8	9	4	5
9	5	4	7	1	6	2	8	3
3	8	2	5	9	4	7	6	1

No. 180

5	2	3	7	9	1	6	4	8
1	7	8	3	4	6	5	2	9
6	4	9	2	8	5	7	3	1
3	8	5	4	1	2	9	6	7
2	9	1	6	7	3	8	5	4
7	6	4	9	5	8	2	1	3
9	5	2	1	3	7	4	8	6
4	3	6	8	2	9	1	7	5
8	1	7	5	6	4	3	9	2

No. 181

6	4	7	3	2	1	8	5	9
1	9	3	5	8	4	6	2	7
2	5	8	6	7	9	4	1	3
8	7	1	4	5	3	2	9	6
4	3	5	2	9	6	7	8	1
9	6	2	8	1	7	5	3	4
7	2	4	1	3	5	9	6	8
3	8	9	7	6	2	1	4	5
5	1	6	9	4	8	3	7	2

No. 182

7	8	2	6	9	1	5	4	3
5	4	1	3	8	2	6	7	9
6	9	3	7	5	4	8	2	1
8	2	9	4	6	3	7	1	5
1	3	5	2	7	8	9	6	4
4	6	7	5	1	9	3	8	2
2	1	8	9	3	6	4	5	7
3	7	6	1	4	5	2	9	8
9	5	4	8	2	7	1	3	6

No. 183

6	4	2	8	7	9	3	5	1
3	1	7	4	5	6	2	9	8
9	8	5	2	3	1	6	7	4
2	7	9	5	6	4	1	8	3
5	6	4	1	8	3	7	2	9
1	3	8	7	9	2	5	4	6
4	2	6	9	1	5	8	3	7
8	9	1	3	2	7	4	6	5
7	5	3	6	4	8	9	1	2

No. 184

7	2	5	8	9	1	4	6	3
1	8	6	4	7	3	5	2	9
9	4	3	5	2	6	7	8	1
6	9	4	3	5	2	1	7	8
3	1	7	9	6	8	2	4	5
8	5	2	1	4	7	3	9	6
5	6	9	2	3	4	8	1	7
2	3	8	7	1	9	6	5	4
4	7	1	6	8	5	9	3	2

No. 185

8	9	7	6	4	5	1	3	2
6	4	1	7	2	3	9	5	8
5	3	2	9	1	8	7	6	4
1	8	9	3	5	7	4	2	6
3	7	5	4	6	2	8	1	9
2	6	4	1	8	9	3	7	5
7	5	8	2	3	4	6	9	1
4	1	3	5	9	6	2	8	7
9	2	6	8	7	1	5	4	3

No. 186

2	7	6	1	8	4	5	3	9
3	1	8	5	9	2	4	6	7
4	9	5	7	6	3	8	1	2
1	6	9	2	4	8	3	7	5
8	5	3	9	7	6	2	4	1
7	2	4	3	1	5	9	8	6
9	3	1	8	2	7	6	5	4
5	4	2	6	3	1	7	9	8
6	8	7	4	5	9	1	2	3

No. 187

5	7	1	9	6	8	2	4	3
6	4	2	3	1	5	9	8	7
3	9	8	7	4	2	6	1	5
2	8	6	4	3	9	7	5	1
9	5	7	2	8	1	3	6	4
4	1	3	5	7	6	8	2	9
1	2	4	6	9	3	5	7	8
7	6	9	8	5	4	1	3	2
8	3	5	1	2	7	4	9	6

No. 188

1	2	5	6	9	8	4	7	3
7	8	9	3	4	1	5	2	6
4	3	6	5	7	2	1	8	9
5	4	7	9	8	3	6	1	2
2	9	8	4	1	6	3	5	7
3	6	1	7	2	5	9	4	8
8	7	3	1	5	9	2	6	4
6	1	4	2	3	7	8	9	5
9	5	2	8	6	4	7	3	1

No. 189

8	9	4	1	5	7	3	2	6
2	6	1	9	3	4	8	7	5
7	5	3	2	8	6	9	1	4
4	1	9	8	7	5	6	3	2
3	7	5	6	9	2	4	8	1
6	2	8	4	1	3	5	9	7
9	8	2	5	6	1	7	4	3
1	3	6	7	4	8	2	5	9
5	4	7	3	2	9	1	6	8

No. 190

5	9	7	2	1	8	3	6	4
6	2	3	4	9	5	1	8	7
1	8	4	3	7	6	9	2	5
4	5	2	9	6	1	7	3	8
3	6	1	8	4	7	2	5	9
9	7	8	5	2	3	6	4	1
8	3	9	7	5	2	4	1	6
2	4	6	1	8	9	5	7	3
7	1	5	6	3	4	8	9	2

No. 191

5	6	4	7	8	9	2	3	1
3	8	2	1	4	5	9	7	6
1	7	9	2	3	6	8	5	4
6	3	1	4	7	2	5	8	9
7	2	5	8	9	1	4	6	3
9	4	8	5	6	3	7	1	2
4	1	3	9	5	7	6	2	8
8	5	6	3	2	4	1	9	7
2	9	7	6	1	8	3	4	5

No. 192

6	3	7	8	1	4	9	2	5
8	9	1	6	5	2	3	7	4
4	2	5	9	7	3	8	1	6
9	7	8	3	6	5	2	4	1
3	6	2	4	9	1	7	5	8
1	5	4	2	8	7	6	9	3
2	8	6	1	4	9	5	3	7
7	1	3	5	2	6	4	8	9
5	4	9	7	3	8	1	6	2

No. 193

2	8	7	1	6	5	3	9	4
4	1	3	7	2	9	6	8	5
6	5	9	8	3	4	1	2	7
8	9	6	3	4	7	5	1	2
7	2	5	6	1	8	4	3	9
1	3	4	5	9	2	7	6	8
9	4	1	2	7	6	8	5	3
5	6	2	4	8	3	9	7	1
3	7	8	9	5	1	2	4	6

No. 194

3	6	1	4	2	5	9	8	7
7	8	5	9	6	1	4	3	2
2	9	4	3	8	7	1	5	6
9	1	6	2	5	8	7	4	3
8	5	2	7	3	4	6	9	1
4	3	7	6	1	9	5	2	8
5	2	8	1	4	6	3	7	9
6	7	3	5	9	2	8	1	4
1	4	9	8	7	3	2	6	5

No. 195

3	8	9	2	7	1	4	5	6
5	4	7	8	6	3	2	9	1
1	2	6	9	4	5	7	3	8
6	9	1	4	2	7	3	8	5
8	5	2	1	3	9	6	4	7
7	3	4	6	5	8	9	1	2
2	1	8	7	9	4	5	6	3
4	6	5	3	1	2	8	7	9
9	7	3	5	8	6	1	2	4

No. 196

7	4	2	8	5	1	3	9	6
6	1	3	9	7	4	2	8	5
8	9	5	6	3	2	7	4	1
5	2	7	3	1	8	9	6	4
4	6	1	2	9	5	8	7	3
9	3	8	4	6	7	1	5	2
1	8	6	7	4	3	5	2	9
2	5	9	1	8	6	4	3	7
3	7	4	5	2	9	6	1	8

No. 197

7	2	4	3	1	8	5	6	9
1	6	8	2	5	9	7	4	3
5	9	3	7	4	6	8	1	2
3	8	9	5	6	4	2	7	1
4	5	1	8	2	7	3	9	6
6	7	2	1	9	3	4	8	5
8	3	5	9	7	1	6	2	4
9	4	7	6	3	2	1	5	8
2	1	6	4	8	5	9	3	7

No. 198

1	2	7	5	4	8	6	9	3
3	4	8	2	9	6	7	1	5
5	6	9	7	3	1	2	8	4
2	8	3	4	1	7	9	5	6
4	1	5	3	6	9	8	2	7
9	7	6	8	2	5	4	3	1
6	5	2	9	7	3	1	4	8
7	3	4	1	8	2	5	6	9
8	9	1	6	5	4	3	7	2

No. 199

1	6	3	4	7	5	2	8	9
4	5	8	6	9	2	7	3	1
2	9	7	8	1	3	6	5	4
3	8	6	5	2	9	1	4	7
5	4	1	7	6	8	3	9	2
7	2	9	3	4	1	5	6	8
6	1	2	9	3	4	8	7	5
8	7	4	2	5	6	9	1	3
9	3	5	1	8	7	4	2	6

No. 200

5	9	1	7	2	3	6	4	8
8	7	3	4	6	5	9	2	1
6	2	4	8	1	9	5	7	3
1	3	6	9	7	4	2	8	5
2	8	7	5	3	1	4	6	9
9	4	5	6	8	2	3	1	7
7	1	2	3	9	6	8	5	4
4	6	9	1	5	8	7	3	2
3	5	8	2	4	7	1	9	6

Notes

Notes

Notes